大国电力

宋明霞 ◎ 著

图书在版编目(CIP)数据

大国电力 / 宋明霞著. — 北京：北京大学出版社, 2021.11
ISBN 978-7-301-32495-0

Ⅰ.①大… Ⅱ.①宋… Ⅲ.①电力工业－工业史－中国 Ⅳ.①F426.61

中国版本图书馆CIP数据核字（2021）第183964号

书　　　名	大国电力 DAGUO DIANLI
著作责任者	宋明霞　著
责任编辑	张云静　刘沈君
标准书号	ISBN 978-7-301-32495-0
出版发行	北京大学出版社
地　　　址	北京市海淀区成府路205号　100871
网　　　址	http://www.pup.cn　　新浪微博:@北京大学出版社
电子信箱	pup7@pup.cn
电　　　话	邮购部 010-62752015　发行部 010-62750672　编辑部 010-62570390
印　刷　者	北京宏伟双华印刷有限公司
经　销　者	新华书店
	720毫米×1020毫米　16开本　21.75印张　248千字 2021年11月第1版　2021年11月第1次印刷
定　　　价	89.00元

未经许可，不得以任何方式复制或抄袭本书之部分或全部内容。
版权所有，侵权必究
举报电话: 010-62752024　电子信箱: fd@pup.pku.edu.cn
图书如有印装质量问题，请与出版部联系，电话: 010-62756370

谨以此书致敬我的父亲!

致敬中国电力事业伟大的建设者!

当今中国，电力之于国人已是一种无感的幸福；然而，只要走出国门，不出亚洲，就能回到旧时光。

巨大变迁的背后是几代电力人的艰辛付出。有多少人化入青山再也无法唤回，有多少人汇入江河再也无法相见，有多少人呕心沥血，蜡炬成灰。

与中国电力同行十余载，我更愿意把中国电力的成长看作一种精神现象。当高楼大厦林立，中华民族精神也当耸立。

序

中国电力行思录

《大国电力》是一部中国电力行思录。翻开这本书,我倍感亲切。

作者宋明霞长期关注、深入思考、持续报道中国电力,我这个行业老兵对此深感欣慰。她把19年来对中国电力的见证与思考结集成书,邀请我来作序,我欣然接受。

《大国电力》体现了中国创造的力量。

写史、写人、写风骨,作者表现的是对创造者的敬重,凸显了中国电力人的精神气质。其风格雄浑豪迈,写国家重大工程又不局限于工程,展现了中国电力工业的大美。希望更多的人通过此书了解中国电力。

《大国电力》秉持未来观,承接过去,传递未来。

作者对能源的战略思考贯穿全书，《国华办电思路新——准格尔发电厂工程建设侧记》《中国水电谋发展：义无反顾而又顾虑重重》《从特高压到全球能源互联网：大国创新背后的钻石体系》《长江大保护：三峡模式初露端倪》等文章充满了理性思考，对促进行业发展很有帮助。

电力关乎国民经济命脉和国家能源安全。中国电力工业走到今天，历经了几代人共同奋斗的峥嵘岁月，我也是个亲历者。

我1951年到苏联学习汽轮机制造。1955年在上海参加全国首台6000千瓦汽轮机试制。1956年10月到哈尔滨汽轮机厂任总工程师，一干就是十年。1959年11月，哈尔滨汽轮机厂成功制造出了5万千瓦汽轮机，这台汽轮机的转子图片还上了《人民日报》头版。1973年调任北京重型电机厂总工程师。1979年调入中华人民共和国国家计划委员会（以下简称"国家计委"），任国家计委副主任期间分管能源。1988年任国家能源部部长，1996年当选中国能源研究会理事长。可以说，我大半辈子都在与电力打交道。

我出生于1926年，是"90后"代表。虽然离开工作岗位多年，但脑子一直闲不下来，常常思考一些问题，想得最多的还是我国能源发展战略。

第一是提高国家能源利用效率问题。

截至2020年年底，我国煤电装机容量占电力装机总量的49.1%，仍然是燃煤大国。应当采取有力措施持续提高煤炭利用效率，减少煤炭的总用量。煤炭只有在大型电厂使用，才能提高利用效率，做到清洁燃烧，最大限度地降低环境污染。

1979年我在国家计委工作期间，提出了"集中供热、热电联供"的工作思路，编写了《节约能源30例》，后与中华人民共和国国家经济贸易委员会（以下简称"国家经贸委"）联合提出节能58条，把节能工作要求具体化。1981年8月9日，《人民日报》转载了我的文章——《实行集中供热和热电联供可以节约1亿吨煤炭》。今天看来，利用供热提高发电效率、降低煤耗，仍是提高火电厂效率最为有效的途径，仍有很大的潜力。

实践证明，只有全国一盘棋，才能大幅度提高能源利用效率。

早在2006年春，我就对"煤价由市场调控，电价由国家管控"表达了个人看法。我认为，我国煤和电的价格紧密联系，煤电危机、电力与煤炭的矛盾，不仅是电力或煤炭一方的问题，国家总体计划应综合考虑，做出合理的规划和调配。靠采取临时性措施，不仅发电企业亏损，还可能导致电网企业全面亏损，长此以往电力供应会出大问题，直接影响清洁低碳、安全高效的现代化能源体系建设。

第二是推进国家电气化发展问题。

20世纪80年代，很多城市计划建设煤气工厂，以解决居民用燃气做饭的问题。经过调研并参考世界先进国家用燃料做饭的发展进程，我提出不如拿这笔投资建设电厂，用电来做饭，既安全方便又干净。我在几次会议上提出逐步推广用电做饭。

从薪柴时代到煤炭时代再到油气时代，每一次能源转型都推动了人类文明的进步。新时期的电气化是以化石能源为主体的传统能源生产和消费模式的全面升级，也是推动国家能源转型的重要途径。

这些年我一直在关注世界银行发布的营商环境报告，中国"获得电力"指标排名在我国营商环境10项指标中得分提高最多，这是将提高全社会电气化水平纳入国家能源战略的重要保障。

第三是电力属性问题。

长期以来，我们国家对于电力属性缺乏统一的认识。在这个问题上，我一贯主张：电的第一属性是公用，是服务，并不是经济学领域中所谓的商品。对于经济社会来说，电是非常重要的基础性环节，首先要承担服务于国家、服务于人民的社会职能，其安全保障不容忽视。因此，对于电力改革与发展，一定要深入基层调查研究，广泛听取意见，把握正确的方向。

我所思考的问题很多，最近在关注如何实现我国向国际社会承诺的碳达峰、碳中和目标。能源系统需要迅速减少碳排放，其中电力是主力军，交通、工业、建筑等多领域也要加快推进低碳化，有效的政策工具也需要加紧配套，整个社会的生产和生活方式都需要变革。

新中国电力70年的成长与变革成就了今天的大格局，如何认知今天的大格局将影响新的战略布局，而新的战略布局是为了应对百年之大变局。

明霞关注中国电力这19年正是中国电力高速发展期，我们有不少交集。不过有一个交集我没想到，她父亲居然也是电力行业的老兵。她带来了父亲宋启斌的工作笔记，上面记录着当年电力安全工作会上我的讲话。从这个角度看，明霞无疑是在传承父业。作为长辈，我想对她提些希望，望她把本书作为起点，继续关注中国电力，深入研究中国电力，不断传播中国电力，为国家能源现代化建设再做贡献。

中华人民共和国首任能源部部长

黄毅诚

2021年5月于北京

自序

与中国电力同行

儿时，妈妈在灯下缝衣服的场景就像一幅油画。

因为电压不稳，15瓦的灯泡忽明忽暗，妈妈干脆从炕上站起来，尽量离灯口近些再近些。那时候没有人家敢用大瓦数灯泡，一家跳闸，全院遭殃，不过学校停电不用上晚自习倒是件开心的事。

上高中时，爸爸调任崇礼县电力局局长，停电就成了件惆怅的事。

越是逢年过节，爸爸越要出去巡查。年夜家家灯火通明，我们娘儿几个却守在一盏15瓦的灯下苦等爸爸回来。

铁门环哗啦一响，传来了爸爸咚咚的脚步声，接着就是跺脚声，爸爸在清理脚上的泥土。爸爸回来了！阳光一下子照进了我们的心里，家里过年的气氛顿时升腾起来。

寒冬腊月的崇礼滴水成冰，还没等爸爸暖乎过来，电话铃就响了。

"老宋，你这个电力局局长怎么当的，怎么又跳闸了？"是张忠县长来的电话，爸爸表情惭愧地应着。我按捺不住了，抢过电话就问："你这个县长怎么当的，你不知道我爸爸刚进家门，人都快冻麻木了？"

从家庭到工作，从电荒到相对过剩，我亲历了"电力贫穷"，见证了中国电力的成长与变革。

2002年8月1日，北京开启"桑拿模式"。

我一路向北，傍晚时分到达准格尔工程所在地——内蒙古自治区鄂尔多斯市薛家湾镇，采访国家西电东送首个重点工程。几天后，当我登上返程飞机，俯瞰草木葱茏的准格尔草原，这个西电东送的伟大工程、那些质朴可敬的建设者从此便走进了我的世界，从此我与一系列国家重大电力工程结缘。

铜鼓湾的夜。

盘腿坐在台山电厂大堤上，右岸是灯火辉煌的厂区，左岸是沉入无边黑暗中的大海。如果不是夜如白昼，把我一个人丢在这里，那一定是坠入万丈深渊般的恐惧。

2003年，广东严重缺电。当30万千瓦火电机组成为电网主力，在铜鼓湾——一个三面环山、与世隔绝的地方,建设者们开始向60万千瓦机组挺进,所面对的何尝不是方方面面的恐惧和挑战?

大风起兮沙飞扬。

不到毛乌素沙漠,不知道西北的风有多大。厚实的棉门帘挡在办公大楼自动门外,当大风来时,却轻如薄纱,在空中翻飞。

这强劲的风吹动了中国电力生产的全新变阵,从30万千瓦煤电机组到60万千瓦机组国产化,毛乌素沙漠见证了中国煤电的提速,中国电力制造加速国产化,能源高效利用的步伐也在加速。

渤海湾、沧州东。

苦咸水啥味道?来到沧东才晓得。

水质苦咸、土壤沙化、植被稀少,在这个生态环境十分脆弱的地方建电厂,又正处在全国"电荒"高峰期,可能把用电和生态都当头等大事来抓吗?

十几年前,沧电就做到了。

全产业链向国产化迈进是沧电最浓墨重彩的一笔。十几年后的今天,重新审视沧电,它仍是一朵品质独特、色泽殷红的"苦水玫瑰"。

多少年了,我依然无比眷恋宁海湾。

厂门还是那率意触情的大红色吗？

"倏然间，宁电那大红色又跃然眼前……那是一种温暖的语言，它在无声地告诫自己，一壶好茶是每一片茶叶的共同创造，一艘坚固的船是由很多钢板千锤百炼铸成。"

朗月一如既往地照彻海天吗？

"秋风吹不尽，月圆人已归。明月不是相送，而是相映，映照出相互的光明。"

宁海湾涛声依旧吗？

"黄昏时分，到海边倾听，海的节奏是轻缓的，以无边的浪潮推送过来，又温和而宽容地向后退去。远处传来海鸥的叫声，好别致、美丽的'风格'！"

人是宁海湾最美丽的风景！

风景中，中国电力工业的综合实力越发凸显。

中国电力工业留下了煤电深深的足迹，中国电力工业迎来了多元发展的蓬勃态势。

且行且思，且思且行。

我的足迹遍布大江南北，见证与思考付诸笔端。

《准格尔壮歌》，记录的是时任中华人民共和国总理朱镕基批准的西电东送第一个煤电项目；《毛乌素之光》，记录的是时任中华人民共和国主席胡锦涛视察的电厂；《东海强蛟——神华浙江国华浙能发电有限公司成长报告》，报道的是时任浙江省委书记习近平考察并高度评价的电厂；《煤制油来了，去煤还是理性地拥抱煤？》，评论的是中共中央总书记、国家主席习近平写贺信的煤制油项目；《从特高压到全球能源互联网：大国创新背后的钻石体系》，研究的是习近平总书记在联合国大会上倡导的全球能源互联网……

2018年4月24日，习近平总书记亲临三峡工程考察，是三峡工程百年历史上的又一个里程碑。2018年5月9日，踏着习近平总书记的足迹，我随16位院士再访三峡。

这次我是着实被震撼了。

陆佑楣院士坐我斜对面，两天举行了四场研讨会，这位85岁的老人从头听到尾，没有因故离开会场一次。

我注意到了他的眼神，像个学生，全神贯注地听，不时地记笔记。有时凝神盯着发言者，有时握笔的手支着脸颊低头静思……

从那一刹那起，陆院士的眼神就刻进了我心里。

是否每一颗星都能放射出耀眼的光芒，是否每一朵花都能散发出沁心的芳香，是否每一个人都能创造出一生的辉煌，其实这些都取决于与一个伟大事业的结合……

"在世界水电建设史上,三峡是从倡议到建成历时最长的水利枢纽工程。回溯历史,三峡工程身后是对国家、对民族、对历史负责任的几代伟人和英雄建设群体。用历史眼光看三峡,三峡工程是全民族几代人的共同选择,它从历史深处走来,因众绘宏图而成就。"从历史长河中看国之重器,《精深开掘百年三峡》代表了我对大国工程的点滴思考。

星垂平野阔,月涌大江流。

2019年6月底,我加入"长江行"团队,沿江走访武汉、岳阳、九江、芜湖等城市,实地探访长江大保护项目,调研三峡集团整合全产业链协同治污。

从提出疑问到发现势能再到寻找模式,历时4个月。我在进一步跟进与观察:如果说互联网催生了一批世界级新巨头,那么将大数据、互联网、物联网整合为一体,是不是可以形成"水联网"?伴随着共抓长江大保护这一世纪重大工程,一个有国际竞争力的治污产业链会不会在长江流域崛起?会不会有一个世界头号环境运营商从长江起飞?

与中国电力同行,见证了中国电力的高质量提速。

从西电东送到能源互联网;从三峡工程70万千瓦巨型机组,到溪洛渡、向家坝水电站80万千瓦机组，再到世界最大单机容量100万千瓦的白鹤滩空冷发电机组；从陆上风电到海上巨型风机；从特高压输电到全球能源互联网再到新能源云，中国经济腾飞的背后，离不开电力的强大支撑。

与中国电力同行，研究了一大批世界级超级工程。

世界最长的拦河大坝——苏丹麦洛维水电站大坝，全球最大的光热电站——摩洛哥努奥三期塔式光热电站，世界最大的在建燃油电站——沙特阿拉伯延布5×66万千瓦燃油电站，世界上距离最长的±800KV特高压直流输电工程——贯穿巴西南北的"电力走廊"……

与中国电力同行，开掘出"共生共赢"的发展模式。

共生是价值观，也是方法论；

共生是过程，也是结果；

共生是携手同行，也是战略互信；

共生是战略选择，也是企业使命；

在共生模式上走多深，就在可持续发展路上走多远；

共生发展模式必将影响全球企业的未来。

2020年10月25日，以国家能源集团国华电力公司（2021年3

月,改革重组为北京国电电力有限公司)为案例主体,首个"一带一路"高质量发展案例报告发布会在人民日报社新媒体大厦举行,作为主策划,我率领团队坚持案例导向,站在国家利益和构建人类命运共同体的高度,瞄准微观企业主体,开掘实践案例,回应国际社会。

此案例成为人民日报数字传播碳中和研究院的先导课题,发挥媒体学术与传播双重功力,向智库转型,从战略高度构建竞争优势,实现更高层次的价值表达,对于我个人和团队来说,又是一个新的开始。

冬去春来,燕子声声。

多年来一直紧跟国家重大工程,从关注技术创新到管理创新,从研究能源子系统生长到关注构建综合能源体系,从关注能源革命到环境与能源协调发展,从传播"一带一路"的伟大构想到走出国门精深开掘实践案例,我与中国电力结下了深厚的情缘。

今天的中国电力工业已呈巍然之势。

世界煤电看中国,世界水电看中国,世界核电看中国,世界光伏看中国……随着产业向全球化演进,随着"一带一路"倡议在世界的纵深推进,中国形成了全球规模最大、产业链最完整的电力工业体系。

与世界分享全产业链技术优势，以绿色方式建造中国、建造世界，中国所搭建的是一个全球共享的盛大舞台，所探索的是一条实现人类共同价值的中国道路。

喜欢宋朝杨万里的一首诗：莫言下岭便无难，赚得行人空喜欢。正入万山圈子里，一山放出一山拦。

能源重塑世界，能源重塑中国。能源与环境的挑战是时代主题，也是人类经济社会可持续发展的根本问题。电力是能源革命的重要推动力量，是能源革命的坚强支撑。今天的选择就是明天的命运，中国能源革命仍然需要立足自我、超越自我，仍然需要高境界的统领。

2020年第七十五届联合国大会上，中国向世界郑重承诺：力争2030年前实现碳达峰，2060年前实现碳中和。我们的面前是更大的挑战、更大的担当，也是更好的能源、更大的繁荣。

与中国电力同行！

2021年春于北京

▲ 电从远方来，来的是清洁电。图为国家电网气势恢宏的特高压线路

▲ 在电力建设者眼中,台山电厂是一所"黄埔军校"。图为国家能源集团广东台山电厂全景图

▼ 国家电网特高压户外冲击试验场

▼ 国家电网特高压户外施工场景

▲ 三峡集团白鹤滩大坝航拍图

▲ 长江大保护九江八赛控制工程

▲ 三峡集团广东阳江沙扒海上风电

▲ 国家能源集团国华（印尼）南苏发电有限公司慰问当地孤儿

▲ 国家能源集团浙江宁海电厂外景图

▲ 国家能源集团爪哇项目周边繁盛的红树林,从建设到竣工,红树林面积增加了 30%

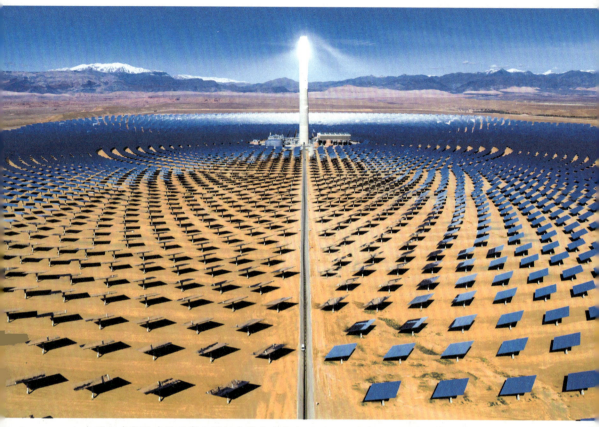

▲ 中国电建集团建设的摩洛哥努奥Ⅱ期光热电站项目,是中国企业首次在海外中标的光热电站项目

▲ 国家能源集团所属准能集团形成了"采-复-农-园"绿色协同发展的矿区生态治理模式,图为准能黑岱沟露天煤矿内排土场复垦区

目 录

大风起兮

002　中国能源的序变从无名小卒开始
004　国华办电思路新——准格尔发电厂工程建设侧记
010　回望历史才知道我们到底走了多远
012　准格尔壮歌
023　穿过夜，走过黑
025　铜鼓湾的超越
036　好工程是所黄埔军校
038　忍不住想说的"标题事件"
040　南海鲁班——国华台山电厂建设项目荣获"鲁班奖"纪实
048　苦水玫瑰
050　渤海三叹
069　一个有价值的答案
071　毛乌素之光
090　大美宁海湾
092　东海强蛟——神华浙江国华浙能发电有限公司成长报告
114　英雄电厂，你从未走远
116　国华热电：一个优秀品牌的50年修炼

128　一个城市电厂的和谐实践——国华北京热电分公司改进管理纪实

131　走共生共赢的国际化之路——国家能源集团国华电力"一带一路"实践观察

百舸争流

144　水电依然顾虑重重

145　中国水电谋发展：义无反顾而又顾虑重重

153　能源进入高速转型期，可再生能源领跑本世纪

158　"新三峡"正式核准，清洁能源"十三五"漂亮开局

164　三峡集团：生死大营救31年，确保中华鲟不灭绝

168　"上合"之和与全球能源互联网

170　从特高压到全球能源互联网：大国创新背后的钻石体系

192　煤制油来了，去煤还是理性地拥抱煤？

198　能源互联网呈井喷式发展态势，示范引领是关键

208　陆佑楣院士的眼神

210　精深开掘百年三峡

221　中电联：中国电力40年，六大成就世界瞩目

227　电力大咖"脱口秀"冲击波

未来已来

- 236 新能源搭上"云"快车
- 242 杨昆：加快推动电力三大变革，实现绿色低碳转型
- 245 从点亮中国到点亮世界——中电联举办 2018 "中国电力主题日"
- 255 中电联：我国电力发展面临五大挑战
- 260 科学的大坝工程是生态综合体
- 265 大坝安全是天大的事，世界关注中国怎么做
- 270 长江大保护：三峡模式初露端倪
- 283 六大全球性、系统性变化攸关中国未来
- 290 大山大水　大江大河
- 292 跨越半个世纪的能源战略探寻——记首任能源部部长黄毅诚的能源观

后记

- 302 爱在天边——永远的"9511 工程"
- 307 感恩每一朵花

大风起兮

煤电是电力体制改革的先行者,在中国电力发展史上留下了深深的足迹。煤电的大发展有力地支撑了中国经济的崛起,煤电的深度调整深刻地影响了中国电力结构变革,煤电的清洁发展有力地带动了中国经济转型升级。立足资源禀赋,在今后相当长的时期内,清洁煤电仍然是能源供给的托底力量,仍然是经济社会的重要支撑。

中国能源的序变从无名小卒开始

不知从何时起，中国发电行业有了"五大发电、四小豪门"的说法，中国华能集团有限公司、中国大唐集团有限公司、中国华电集团有限公司、中国国电集团有限公司、国家电力投资集团有限公司高居"五大发电"，国投电力控股股份有限公司、北京国华电力有限责任公司（以下简称"国华电力公司"，2021年3月，改革重组为北京国电电力有限公司）、华润电力控股有限公司、中国广核集团有限公司跻身"四小豪门"。

1999年，中国电力尚是国家电力公司一统天下的局面，国华电力公司诞生于国家电力公司体制之外，是能源大船上的无名小卒。或许，中国能源的序变就是从这些无名小卒开始，是它们的纵身一跃搅动了中国能源市场。

我以新奇的目光观察着这一新生事物，2002年4月，国华电力公司成立后自主建设的第一个大型工程宣告成功，国华准格尔发电厂330MW机组一次通过168小时满负荷试运，正式投入商业运营。3个月后，拙作《国华办电思路新——准格尔发电厂工程建设侧记》完成，得到了时任《人民日报》经济社会部主任皮树义的肯定，在

《人民日报》"国民经济版"头条刊发。

这篇文章刊出后引起了业界的热烈讨论。肯定者有之,质疑者、反对者也不乏其人。但不管怎样,建设与运营分离、发电效率低下的电厂建设模式已然被打破;设计、建设、生产一条龙,全生命周期办电模式已经开启;从小业主、大监理到小业主、大咨询,再到小业主、大社会,开放式办电,多快好省已成现实;更安全、更可靠、更先进、更经济、更规范、更环保,"六更"成为行业高定位、新标杆。

无论是理念还是行动,国华电力公司全新的办电思路实实在在地搅动了中国电力市场。今天再度审视,它仍然是中国电力体制改革的先进代表。

国华办电思路新
——准格尔发电厂工程建设侧记

2002年4月25日20时，国华准格尔发电厂330MW机组一次通过168小时满负荷试运，正式投入了商业运营。自此，北京国华电力有限责任公司成立后建设的第一个大型工程宣告成功。

准电工程多项创优。安全好，整个工程实现了事故"双零"目标，即无人身重伤、死亡，无重大机械事故；工期短，在地处内蒙古高寒地区、冬季休工期较长的情况下，仅仅用了24个月，比国家定额工期整整提前了8个月；造价省，千瓦造价创全国最高水平；质量优，一次通过168小时试运，各项技术参数优良，创造了国内同类机组的一流水平。

准电工程证明，通过精心组织、科学管理，采用国产设备一样能够打造精品工程并达到进口设备水平。同时也证明，国华电力公司的办电思路与基建工程管理模式是成功的。

陈永平、宋明霞、杨兵舫，《人民日报》2002年7月20日第5版。

"小业主、大咨询"

1998年7月,在朱镕基总理的亲切关怀下,以消化准格尔煤矿的洗中煤和劣质末煤为任务的国家西部大开发重点建设项目——准电2×330MW机组工程启动。1999年8月,工程由刚刚成立5个月的独立发电公司北京国华电力有限责任公司接手正式筹建。

"小业主、大咨询"的基建管理模式,是国华办电模式的核心内容。作为一个新兴独立发电商,国华电力公司基建工程管理人员数量少、经验有限。"小业主、大咨询"是充分借助社会力量,对工程实行科学、严格的管理,有效地确保工程质量的良方。

国华准电公司(以下简称"准电公司")与西南电力设计院等科研院所签订技术服务合同,聘请有丰富经验的专家和专业技术人员,加入业主基建管理队伍,行使业主职责与权利。专家们不仅在技术管理部门、行政管理部门担任重要职务,有的还被聘请担任项目公司领导的职务。

准电公司对监理公司充分放权压责,扩大监理的服务范围,加大监理单位的责任。如安全管理方面,业主只承担第一责任人和项目法人的责任、义务,其余所有权利都放权给监理。监理不仅要落实安全文明规章制度,检查安全措施执行情况,还要负责施工人员的教育培训及施工现场违章隐患的查处，召开安委会、月例会、周碰头会、周汇报会，负责月、季安全大检查，对重大安全问题有权停工和处罚，同时包括组织安全红旗区域的评比、对施工单位安全奖励的发放表达意见等。

业主加大了对监理人员结构和数量的控制力度，使工程管理的整个过程处于受控状态。土建和设计监理，非施工高峰时有20人左右，施工高峰时达到40人以上；安装和调试监理，非施工高峰时有25人左右，施工高峰时达到50人以上。必要时业主还聘请部分专家分阶段进行短期或不定期的咨询服务，做到确保随时有足够的力量督促工程建设。

"小业主、大咨询"的基建管理模式显示了积极作用：有利于发挥社会中介力量和专家的作用，提高工程质量，缩短建设工期，降低工程造价，使业主把主要的精力投入综合性管理和科学决策工作中去，提高了工程管理水平；营造出专业技术人员充分发挥作用的环境，极大地调动了他们的积极性和创造性，使基建工程的每一个环节都有专业人才把关，减少了失误，提高了管理效率。

打造精品工程

2000年5月9日，内蒙古国华准格尔发电厂二期工程在准格尔旗薛家湾镇正式开工。工程建设伊始，国华电力公司的领导班子明确提出，要以国产机组为依托与各参建单位联手打造一个精品工程。时任国华电力公司总经理顾峻源对"精品工程"提出了"更安全、更可靠、更先进、更经济、更规范、更环保"的定位标准。

更安全——立足于一切事故均可避免、所有意外皆能防范，力创施工安全最高水平。他们将安全作为工作中的重中之重，要求各施工单位的专职安全员人数按照行业规定标准的10倍配备，增加的费用全部由电厂承担；现场安全考核，奖罚分明、重奖重罚。施工高峰时，现场参建人员高达上万人。时任准电公司总经理李铁昌坚决要求各参建单位行政一把手必须把主要精力投入安全管理上。公司加大安全、文明施工现场的整治力度，做到安全教育经常化、安全管理制度化、安全组织体系化、安全设施标准化，从而使施工现场保持了安全文明施工的良好局面。

更可靠——他们制订了"恪守国际惯例，弘扬鲁班精神，建设示范电站，争创国际一流"的质量方针，规范了质量体系管理，并在建设期间就已通过ISO9002标准质量体系认证；落实项目法人责任制，一方面加强设备监造,另一方面突出抓好"施工过程精品化",要求施工单位每完成一道工序,都要及时进行整理完善、包装保护,不留尾工,使每道工序质量都达到精品要求;不断加大检查考核力度,拿出1000万元对安全、质量、进度进行考核嘉奖。截至2002年,工程验收签证1064项,建筑工程合格率为100%,优良率为98.22%;安装工程合格率为100%,优良率为99.7%。

更先进——工程管理办法先进,工程各项考核指标先进,设备技术先进。公司精心选择国内好的设备制造厂商和施工单位,投巨资引进了国际上先进的工程项目管理软件P3,全面指导施工。同时,他们以P3软件为核心,开发出了全方位、全过程的基建管理信息系统(MIS)、办公自动化系统(OA)、施工现场视频监视系统、远程视频会议系统,建立了施工现场局域网和与北京国华总部的广域网,开通了DDN(数字数据网)专线,实现了图像、声音和数据的远程传输,大大提高了施工效率。

更经济——为了控制成本、降低造价,他们采取以电价反推工程造价的方法核定概算。首先推算上网电价,再根据北京地区的电力市场价格倒推单位造价。为节省费用,他们果断砍掉了办公楼,将办公地点化整为零;加强财务预算管理,通过细化的财务预算指标使资金流得到合理、有效的控制,避免了大量资金沉淀,使资金的供应与需求达到了最佳的配合状态。

更规范——工程管理标准化、规范化、国际化。仅以招投标工作为例，在设计、监理招标中，他们结合工程建设情况，将设计、监理招标主要划分为21项，主要的技术指标都进行了量化，折合成分数，力求做到科学、公正。在商务条款中，他们充分发挥市场竞争机制的作用，提出了鼓励投标商用成本价+税金+合理利润报价的基本原则，采用尽量包死、少开活口的方法，减少了很多漏洞。因而投标工作取得了预期的效果，报价普遍降下来了：设备费降低了11%，建筑投资降低了12%。

更环保——准电公司投资200多万元兴建了污水处理设施，实现了"零排放"，即工业废水和生活废水100%的回收利用。在废气排放方面，他们安装了五电场电除尘装置。推行了国际上较为先进的NOSA（国际职业安全协会）管理系统，准电以安全、健康、环保的形象展现在世人面前。

回望历史才知道我们到底走了多远

有时候，回望历史才知道我们到底走了多远。

今天，调整能源结构，有序关停单机容量10万千瓦及以下的火电机组已成大势。然而，19年前，两台单机容量33万千瓦的准格尔工程却由朱镕基总理亲自批准，是西电东送的重点工程之一。

那山、那海、那人……生命中很多人和事又浮现在我眼前。

站在准格尔露天煤矿大平台上倚栏眺望，映入眼帘的全是煤，"煤海"这个词真是再恰当不过。大型工程车隆隆驶过，连吉普车顶部都要插上彩色旗杆，以免"庞然大物"拐弯时出现盲点，被压成"柿饼"。而人就更渺小了，我这一米六几的个头还不及半个车轮高……

这是我首次采写国家重点工程，真是发自内心的不自信。社领导、同事鼓励不必说，连国华电力公司党委副书记付大凤、负责宣传的杨兵舫也亲自陪我到报告文学大家、人民日报文艺部卞毓方老师家请教。

7月是北京最热的时候，卞老师年龄大了，不习惯开空调，从卞老师家出来,我们三人相视大笑,每个人的后背都湿了一大片!

看到我心里有了底,付书记一路跟我聊天逗乐,"年轻的姑娘爱美,你知道我年轻时干吗?推煤灰的!我干的活你们干不了吧?"原来,付书记还在鼓励我呢,不怕你不行,就怕你不敢面对!

2002年8月1日,北京开启"桑拿模式",我飞往清爽宜人的内蒙古,傍晚时分到达准格尔工程所在地薛家湾镇。几天后,当我登上返程飞机,俯瞰草木葱茏的准格尔草原,这个西电东送的伟大工程、那些质朴可敬的建设者从此走进了我的世界,从此我开始与一系列国家重大电力工程结缘。

准格尔壮歌

时代的车轮驰进21世纪，在鄂尔多斯高原这片古老而苍茫的土地上打响了西部大开发的先头战役，又一座现代化的电厂在内蒙古鄂尔多斯市准格尔旗迅速崛起，奏响了西电东送工程的号角。

2002年4月25日，国华准格尔发电厂第一台330MW发电机组一次通过168小时试运行，正式投入商业运营，随着强大电流的输出，电厂所在地——塞外小镇薛家湾沸腾了。

一

1998年初春的一个深夜，一轮明月轻轻地罩着薛家湾，远处的山峦在夜幕下现出一道道美丽的轮廓。刚刚由呼和浩特机场辗转了三个多小时到达薛家湾的叶青久久不能入睡，在他的脑海中，一个酝酿了许久的方案渐渐清晰起来……

薛家湾，一个闻名海内外的煤镇，这里有国家重点项目——准格尔大型露天煤矿。叶青，原神华集团有限责任公司（以下简称"神华集

宋明霞，《人民日报》2002年12月29日第8版。

团")董事长,一个为了振兴民族工业而忘我工作的共产党员,每次来到内蒙古,无论多晚,他都星夜兼程赶往薛家湾矿区。这里牵着他的一个梦……

这里每年源源不断地向海内外市场输送优质煤,同时,也产生了大量的末煤和洗中煤,如果在当地建设两台330MW国产燃煤机组,就地燃用准格尔煤矿的劣质煤,不仅可以减轻煤炭外运的压力,变运煤为输电,实现煤从空中走的梦想,而且有利于环保,功在千秋。

神华集团的方案得到了国家计委、中华人民共和国国家经济贸易委员会的高度重视,1998年仲夏,双方组成联合调查组调研,提出迅速建设电厂二期工程,就地消化劣质煤。此项目经国务院批准,很快进入实施阶段。

经过缜密思考,神华集团将目光落在了其子公司——北京国华电力有限责任公司身上。1999年8月,准电工程由刚刚成立5个月的独立发电公司——北京国华电力有限责任公司接手,正式启动。

36岁的顾峻源担当起了准电工程的大任。

准电工程从被国务院圈定起,就已经承载了"2000年示范电站"的历史使命。面对国家电力体制改革、厂网分开、竞价上网的新格局,顾峻源决心闯出一条新路来。

竞价上网先竞成本。在对电价有影响的诸多因素中，第一就是设法把造价做到尽可能的低。办法只有一个，把争国家投资、总投资越大越好的"甲方心理"扔到天边去，让整个工作的出发点是市场，落脚点还是市场。西电东送最大的用户在北京市场，有一个形象的比喻，北京五盏灯中就有一盏是内蒙古点亮的。国华电力公司领导班子在了解了市场的需求后，根据北京地区的电力市场价格倒推单位造价，首先得出上网电价不应超过每千瓦时 0.26 元，据此推算，工程静态投资应控制在每千瓦 3400 元以内，从而找到了控制造价的科学依据。

这么低的造价能行吗？莫非要把"示范电站"搞成"实验电站"？许多人表示疑惑。

又一个不眠之夜，当东方泛起鱼肚白的时候，顾峻源和副总经理秦定国与西北电力设计院专家的讨论刚刚接近尾声，多少个日日夜夜啊，几十项技术优化方案终于拼出来了！国家电力规划院的专家来了，西南电力设计院的专家也来了，各路专家汇聚一堂，对西北电力设计院提供的概算初稿进行分析、测算，逐步核实，一系列艰苦细致的工作终于让国华电力公司自信地迈出了控制造价的第一步。

不走过场、不盲目照搬 FIDIC（国际咨询工程师联合会）条款，不简单套用范本，从分段招标到编标书、签约，每一步国华人都坚持科学的态度，结合市场环境和工程条件将标书进行细化、深化。在商务条款中，他们提出了鼓励投标商用成本价＋税金＋合理利润报价的基本原则，采用尽量包死、少开活口的方法，因而使投标工作出现了良好的局面。

建筑投标的那天，顾峻源来到现场。在电力行业干了这么多年，来投标的头头脑脑哪个他不认识，顾峻源见了大伙哈哈一笑道："咱们这标底好定，大伙挨个儿报价，报完把总数相加，再用这个和除以总个数得出的那个商就是标底。中标嘛，也简单"，他像电视节目主持人似的讲着规则，"谁报的价正负最接近标底，谁就中标。当然了，有负的我就不要正的喽！"顾峻源的话引起全场的笑声。

紧接着，准电公司的招标工作开始了。国华电力公司给他们定的政策是10万元以上的项目招标，小于这个数的项目即可自行决定。而准电公司总经理李铁昌思来想去，还是没按着省事的规定办，用他的话说："这么大的工程，手松手紧差远了，就得按过日子的办法来，能省就省，干脆项目从5万元起就招标！"

严格实行招投标，充分调动多方面力量共同承担风险，结果使建筑安装费和设备费用比概算金额节约了15%，准电工程一开始就掌握了市场的主动权。

二

如果要揭示准格尔发电厂成功的秘诀,"小业主、大咨询"的模式应是其一。就如同拉车,尽量减轻自己的负担,借助社会力量,提高自身的速度。

国华电力公司作为一个新兴的独立发电商,基建工程管理人员少,且经验不足,要完成这样一个20多亿元的浩大工程,然后再投入生产,依过去基建管理业主大而全的方式,没有几千人的职工队伍,根本无从谈起。可这样一来,工程结束后,又会造成基建人员无法安置的问题。

两难之中,难出了国华电力公司决策者们的辩证法——采取"拿来主义",充分利用社会力量。一开始他们就提出"小业主、大监理"的模式,请有经验的单位参加基建管理,这样,别人的经验就成了自己的经验,别人的专家就成了自己的专家,甚至连业主也聘请有经验的人来当,既提高了项目管理水平,业主自身队伍数量也能降到最低。之后,准电工程由"小业主、大监理"发展到"小业主、大咨询"乃至"小业主、大社会"的模式,运行、检修采取招标方式委托,使国华电力公司能够腾出精力把握全局。

"小业主、大咨询"的模式吸引了国内一大批国家级专家、教授级工程师。国华电力公司给予这些专家以极大的信任，不仅让他们在工程建设中说了算，就连纪委班子里也有他们的位置。

信任唤起了专家和技术人员的强烈责任感，他们各司其职，使准电工程牢牢地把握在科学管理中。

"小业主、大咨询"的基建管理模式，是对电建行业的项目法人、招标投标、工程监理、合同管理和资金控制等管理体制的深化和发展。这是一种与国际惯例接轨，用社会化大生产方式取代小生产方式的全新的电力基建管理模式，是国华电力公司独立办电过程中的一个创举。

三

有人说，准电工程是鄂尔多斯高原上的飞马。那么，安全和质量便是它强健的双翼。在准电的各施工现场，国华的"严"和准电的"狠"是出了名的。

国华电力公司领导到准电检查工作，很少光顾"现场"，都是直奔"角落"，直接钻地沟，只要有问题，就别想躲过他们的眼睛。

作为国华电力公司身处前线的"大将军"，准电公司总经理李铁昌说："得到顾总的表扬太难。"顾峻源的"严"，李铁昌的"狠"，形成了国华电力公司的标准，那就是过剩的质量要求。

准电一开工，李铁昌就提出施工单位觉得"偏激"的要求：一把手就抓安全，只抓安全，把技术交给专业人员干。与此同时，他们把招标省下的钱拿出1 000万元用在安全措施上。按照电力行业的规定，1 000个施工人员配备3个专业安全人员，准电公司一下子提高了10倍，1 000人干活，30人盯着。这些工程监理人员在工地巡视，随时拍照。每周一次的调度会，上来先汇报安全。一次，有个施工单位的一把手因事回了太原老家，会开了，该他们单位汇报工作，李铁昌一看这位领导不在，大动肝火，谁替他汇报都不行。没办法，电话打到这位领导太原的家，通过电话听了他的安全汇报。

安全调度会谁也说不了假话。你刚刚"吹"得挺好，一会儿会场的投影仪播放出了你那儿事故隐患的画面，那就把你搁那儿了。几次尴尬下来，再也没人敢空口说大话了。大家喜欢开个玩笑——准格尔，准格尔，那就是弄不好准把你搁在那儿。

准电工程是一场持续两年的万人会战。从工程开工到正式发电，700多个日日夜夜，全工地没有发生一起事故，创出了事故双零的佳绩。

为了提高工程的质量和安全，国华电力公司不惜花大价钱。他们将预算节省下来的2亿元费用用于提高关键设备的品质，以增强安全性。准格尔是个干旱少雨的地方，水资源缺乏严重地制约了当地经济的发展。为此，准电公司投资200多万元兴建污水处理设施，实现了工业废水和生活废水100%的回收和利用。针对煤质差、排污量大的问题，为提高除尘效率，他们安装了除尘装置，相当于两个电厂的电气除尘设备，机组即使在满负荷运行时，高高的烟囱也是青烟袅袅，真正实现了"清洁的能源来自国华"。

国华人把质量和安全抓到了极致，国华速度同样令国内外同行钦佩。本来合理工期为32个月，而他们只用了24个月，时间之短，令同行惊讶。按常规，机组试运行168小时后，要有1个月的消除缺陷时间，在准电，这1个月就省去了。试运行一结束，机组随即投入正常运行，挑起了西电东送的大梁。总投入20多亿元的工程，每天的账一清二楚。竣工报告、决算一般都是工程结束半年后上报，而国华却是在机组投产10天内上交。一号机组"168"投产3天后就拿出了报告。

一般情况下，新投产的项目，国家有关部门都在半年以后审计，国华速度之快，使他们没有被排进计划，他们只好"走后门"，找上级领导部门帮他们一起跑，以求早日排进审计计划。

这一切要归结于现代化、信息化的企业管理手段。在准电，现代化、信息化的管理渗透到了企业的每一个角落，就连点菜也在网上实现。他们引进了国际上先进的工程项目管理软件P3，在此基础上，把基建工程设置了800个节点，编制了工程进度的一、二级网络图，加载了资金、图纸、设备等3项资源，定期发布工程进度信息，随时进行动态检查，及时做出预警报告，真正做到了用P3软件全面指导施工。通过本地化开发后，建立起生产期IT系统，从而实现设备状态检修、机组性能优化、实时成本核算和竞价上网等功能。

四

在凯歌嘹亮的时候，在准电似骏马、如长虹般飞起的时候，我们如何解读准电人乃至国华人的襟怀？

顾峻源是个沉稳、冷静、不事张扬的人，说话不急不忙，脸上总带着谦和的微笑，你夸他们公司什么，他都能找出差距来说明自身的不足。可一问到准电工程为什么敢那么大胆地使用国产设备，他立刻会像辩论似的提高声调，连语速也快了许多。此时的他再也没了谦和，那种自信、不服输、当仁不让的情绪陡然而生。

"国产设备那是咱中国人的。"他把腰一挺，手拍在桌面上，"我们用的设备是国有企业生产制造的，那是咱中国的民族工业呀！怎么能对我们的国有企业不信任，怎么能对我们的民族工业没有信心！如果总依靠进口设备来创精品工程，哪里还有我们民族工业发展的机会！这次我们下定决心，就是要用国产设备将准电工程武装出个精品来！"

国华人的这片赤子之情，得到了神华集团董事长叶青的肯定，更让不少国有企业为之欣慰。

时任北京市委书记的贾庆林被国华的真情感动了，主动表示，如果国华愿意与北京合作，北京将全力以赴，以国有企业特有的实力和责任感制造出精良的设备，服务准电工程。

此时的国有企业正处在改革的艰难阶段，资金、市场等种种困难缠绕着他们。就在这时，国华人给予了他们强有力的支持。当国华公司将几千万元、几亿元的订货合同摆在他们面前的时候，这些企业把全部的感动化作了生产高质量产品的动力，为准电工程奠定了坚实的物质基础。

2002年9月21日，准电工程二号机组顺利通过168小时试运行，准电像一颗璀璨的明珠，闪耀在祖国西北的高原上。

如今，一座更安全、更可靠、更先进、更经济、更规范、更环保的现代化电厂，以伟岸的英姿耸立于鄂尔多斯高原，滚滚乌金化作了熊熊炉火，推动着飞转的汽轮机输出强大的电能，跨越千山万水，点亮万家灯火，为辽阔的西部增添了一道绚丽的彩虹。

"慷慨悲歌忆昨年，酸甜苦辣亦安然，西风猎猎国电帜，寒阳昭昭霸王剑。五千年流黄河水，九万载矗蒙阴山，谁知默默准电里，衣是青青血是丹"。高挂在顾峻源办公室的这首诗无疑是准电工程的写照，更是国华精神的赞歌，它激励着国华人不屈不挠，去开拓更大的市场。

穿过夜，走过黑

铜鼓湾的夜。盘腿坐在台山电厂大堤上，右岸是灯火辉煌的厂区，左岸是沉入无边黑暗中的大海。

如果不是夜如白昼，把我一个人丢在这里，那一定是坠入万丈深渊般的恐惧。

三面环山，一面向海，这个与世隔绝的地方，多少代人就在一个暗夜接连一个暗夜中度过了一生。

20世纪20年代起，铜鼓湾对面的大襟岛曾住过数百名麻风病人，蜷缩在无边暗夜笼罩的孤岛，等待他们的不是死亡就是残疾。

21世纪初，铜鼓湾仍然挣扎在暗夜中。广东缺电500万千瓦，潮热难耐的夏夜，苦熬是唯一的选择。

我执着地相信，铜鼓湾的沙子就是这样熬成了黑色。

日本著名作家川端康成半夜醒来，发现海棠花在夜间开放得最动人、最忘我，因此他感慨，自然的美是无限的，人的审美是有限的。

可是，多少人有心情去观察深夜的海棠？

只有穿过夜，走过黑！

"我们的毛毡房常常遭到台风袭击，每当台风卷走了苦心加固的屋顶，我们就高声鸣响汽车喇叭，告诉大家，像当年上战场一样，人在阵地在！"十几年过去了，台山电厂工地上的话一直留在我心中。

当30万千瓦火电机组成为电网主力，在铜鼓湾建设60万千瓦火电机组，所面对的何尝不是方方面面的恐惧和挑战？我清楚地记得时任国华电力公司总经理秦定国的一句话："这是台山电厂的上级公司——国华电力公司——对自己的超越。"

是的，这是铜鼓湾的超越！这是历史性的跨越！

穿过夜，走过黑。每一个伟大的创举都不例外。

铜鼓湾的超越

在祖国的南海之滨有一个小渔村——铜鼓湾。

铜鼓湾是美丽的,这里有黝黑的沙滩、湛蓝的海水、明媚的阳光。铜鼓湾又是忧伤的,绵延的大山从三面把它围起来,唯一的出口就是大海,旧中国,许多人不得不选择流着泪、淌着血的出洋谋生之路。如今,这一切已成历史。

2003年12月9日,激情的潮水澎湃了整个铜鼓湾。这一天,国华台山电厂(以下简称"台电")一号机组正式投产发电。作为国华电力公司的代表工程,它创造了多项业绩:它以国产设备打造了工期短、质量优、科技含量高、高效环保的精品工程;创造了国产60万千瓦机组锅炉冲管只有50靶、从一号机组浇铸第一罐混凝土到移交试生产仅用了25个月零9天的中国电建新纪录;成为中国电力建设史上的一个新的里程碑。广东省用电紧张的局面因此得到一定的缓解。

宋明霞、张旭日,《人民日报》2003年12月13日第7版。

一

　　创业者面对的是一个全新的舞台。谁能想象，当年这里是一片孤寂的海滩，人迹罕至，在很短的时间内，却成为中国电力事业的一个重点工程。

　　望着这个气势恢宏的现代化电厂，国华电力公司时任总经理秦定国的眼睛湿润了，如果说台电工程是国华对自身的一次超越，那么，这次超越凝聚了多少人的心血和汗水啊！

　　时间是最好的见证。2001年3月28日，国华电力公司与广东粤电集团公司签约共同建设台山电厂。同年10月31日，这个项目终于开工。昔日荒凉的海边，有台电建设者们辛勤忙碌的身影。转战南北的电力建设者们是一支能打硬仗的队伍，也是一支合作的团队。遥想当年，是台电筹建组负责人胡庆余带队进驻铜鼓湾，他们的毛毡房常常遭到台风袭击，每当台风卷走了他们苦心加固的屋顶，他们就高声鸣响汽车喇叭，告诉大家，像当年上战场一样，人在阵地在。正是当年台电最早的建设者们不懈的苦战，偏僻的山村才变成了"路通、水通、电通、通信通"的繁荣小镇。他们建码头、平场地，为后来的台电建设打下了坚实的基础。

　　顽强的奋战和无私的合作，共同筑起了台电建设的精神长城！

地方政府对台电大力支持。从电厂正式定址在铜鼓湾那天起,台山市就专门成立了一个领导机构,具体负责协调工作。为促进电厂工程加快建设,在厂区用地、用水及交通等方面,都给予了大力支持。电厂码头可以停泊10万吨级货轮,是台山市沿海最优质的深水良港,为保证电厂的燃料用煤能正常运输,台山市将这一最佳港口资源无偿提供给台电。

2002年除夕,一个华夏儿女阖家团聚的日子,然而,在台电工地,大家却要在紧张的工作中度过。一阵喜悦的鞭炮声打破了寂静,地方政府前来工地拜年。他们把当地人最厚重的礼物——18只烤猪送到了施工现场。当员工们吃上烤得脆生生、香喷喷的乳猪时,节日的欢乐冲淡了悠悠的乡愁,浓浓的情谊涌上了心头。

2003年夏天,非典肆虐广东,省领导特别关注台电的安全,派专人指导卫生防疫工作。2003年5月22日,广东省委副书记欧广源、江门市委书记陈继兴、台山市委书记李澄海到台山电厂慰问,确保台电建设的顺利进行。

台电一号机组的顺利投产同样离不开地方电力系统的鼎力支持。由于一号机组提前并网,需要地方电力系统的同步配合,因此广东省广电集团有限公司(2014年6月4日更名为"广东电网有限责任公司")全力满足送出要求。与此同时,中国南方电网有限责任公司提前做出了台电总体调度规划。

台山电厂的建设更倾注了国华电力公司上级领导——神华集团原董事长叶青、时任董事长陈必亭的心血。两位新老董事长关注国华的成长，更希望通过国华的实际行动兑现对广东人民的承诺。广东是中国改革开放的前沿，保持着较快的经济增长速度，但电力供应不足一直阻碍着经济的发展。21世纪初，广东每年电力缺口约为500万千瓦。作为一个有着很强社会责任感的国有企业，国华理应义不容辞地担当重任，不辱使命。而高标准、加速度建设电厂，为广东提供稳定的电源，作为西电东送可靠的电源支撑点，就是有力的体现。国华电力公司时任总经理顾峻源是个坚定的执行者。他以拼命的精神和追求完美的标准，磨炼出了一支勇于挑战、敢于打硬仗的队伍。

二

人是事业的主体，只有充分挖掘每一个人的潜力，事业才能兴旺，团队才能有力量。

台电工程的建设队伍来自五湖四海，如何调动各方面的积极性？作为业主，台电如何摆正自己的位置、如何正确认识与承包商的关系？

2001年早春的一个夜晚，台电领导班子间的讨论终于有了结论，大家达成了共识：业主不是被动的、更不是高高在上的。作为一个现代化的企业，台电必须营造一个充满激情的工作氛围，让台电士气高、各参建企业信心足。

一号机组开工前，性情直爽的台电总经理何成江向参建单位抖了底，他表态：国内基建工程拖欠费用是最让施工企业头疼的事，在台电决不会因为资金不到位而拖基建后腿。对于台电来说，衡量施工企业的唯一标准就是业绩。

同时，台电向全体员工提出要求：强化服务，责任当先，千方百计为施工企业创造条件。要求每一个员工在实现自身的超越中理解并执行台电的管理思想。不久，员工们收到了台电和国华电力公司企业文化部联合推荐的一本书——《把信送给加西亚》。

书中讲了这样一个故事：1898年美西战争爆发时，总统麦金莱有要件必须送到古巴起义军首领加西亚手中，可是，加西亚在古巴连绵的大山里，找到他太难了。罗文接受了挑战，历经艰险，终于完成了任务。

台电就是要通过这个传达敬业、忠诚、勤奋的故事明确企业的价值观，启发优秀员工在面对新任务、接受新挑战时的责任感，以及独立完成工作时所表现出的素质。

夜晚来临，工地上的投光灯，海面上的渔船灯、航标灯，把铜鼓湾装点得璀璨绚丽，而关于罗文的故事也恰似一盏明灯，让大家心头更豁亮了。

他们要求员工必须铭记和遵循三条成功定律：一是专注于目标，清楚地认识它，紧紧地盯住它；二是拥有达成目标的充分知识；三是有干劲，要对自己的目标怀着初恋般的热情。很快，绩效考核"S"员工即优秀员工的评比在全厂展开，劳动竞赛在工地竞相展开。

建设单位把台电工程不仅仅当作质量竞争，更当作形象竞争。规范管理，文明施工，台电工程成为各单位树立企业形象、展示企业文化的平台。无论在办公区还是宿舍区都挂着各具特色的宣传标语，工地使用的车辆、起重机、电源箱都有各自统一的标识，就连公用设备都采用统一尺寸、统一颜色、统一标识，他们把施工区、仓库区、办公区、生活区的形象设计都纳入了CI形象设计。

在竞争中，他们互相借鉴新工艺、新方案，相互融合，相互提高。对竞争的理解达到了一个新的高度。

锅炉吊装施工是承接一号机的广东火电工程总公司的长项，承接二号机的天津电力建设公司主动上门请教；天津电建文明施工更规范，清洁管壁的打砂技术过硬，广东火电就虚心向他们学习，保证了一号锅炉的顺利冲管。台电现场有三个混凝土搅拌站，用量大的时候一家公司的一个搅拌站不够用,这时另两家就主动配合。

大家达成了这样的共识:一号机组的问题要及时通报,一号机组出现的缺陷二号机组不许再出现;二号机组是一号机组的备品备件库,一号机组是二号机组的"蹚地雷"者。经验大家共享,教训更要大家共同吸取。一号机组顺利通过移交试生产,为各企业树立了榜样,大家憋着一股劲儿,力争二、三、四、五号机组要上一个新台阶。

常规3年,结果只用了25个月零9天,数字的背后有着更深层次的东西,那就是合作伙伴从内心深处的认同。正如东北电建这样总结与国华的合作:接受了挑战,交了朋友,赢得了利益,增添了信心。

何成江这样总结台电工程管理特点:一是授权管理,责权分明,工作落到实处;二是生产基建一体化理念的具体化,工程建设站在生产的角度策划,以基建的方式落实;三是把项目管理思想引入现场管理,很好地解决了各专业之间的衔接问题;四是把NOSA引入质量安全管理,使工作更具体、更深入。

通过服务、协调和控制,台电把所有施工单位纳入一个分工体系下,形成一个协调联动的团队。在协调和磨合中,实现了管理思想的超越。

三

企业的发展要追求经济效益，更要追求社会效益。在寻找可持续发展的关节点上，国华人高举两面大旗。

2003年6月2日，一个平常的日子，在台电西区，数千名建设者在这里举行了"安全旗"升旗仪式，安全生产月拉开帷幕。一周后，台电厂区索马岭山庄，安全知识竞赛在8家施工企业间激烈地展开。

安全是台电建设者们高举的第一面大旗。他们认为，安全不是开支而是投资，它是更经济、更可靠的，因为企业最终要的是经营业绩和投资回报。为了发展和进步，注重安全，甚于生命。

台山电厂是国华电力公司建设的第一个60万千瓦机组。2002年，国华准格尔电厂两台33万千瓦机组投入生产，初步探索出了一套新的办电模式，即更安全、更可靠、更先进、更经济、更规范、更环保的基建管理模式。台电在短期内实现突破，关键是对"六更一创"管理模式的深化和创新。

台电全面推行风险管理。他们不仅把安全、健康、环保的NOSA五星管理体系用于生产管理，还从一开始就把它应用于基建管理。他们要求各施工企业必须在作业指导书上写清不安全因素，制订解决方案，然后进行演练，把所有危险因素排除后再作业。他们还用"安全性评价"的方法，要求各施工单位设定安全目标，定期自我检查、评价。并要求按现场施工人员总数的3%配备专职安全员，使安全管理重心下移，确保安全无漏洞。

安全工作取得了预期效果。台电工程自开工以来，经历了雷暴、台风等自然灾害的频繁袭击，大量的基础爆破和交叉作业给工程带来了很大的难度，但未发生一起人身伤亡事故和重大机械损坏等设备事故，也未发生一起环境污染事故。台电还把NOSA提高到了更大范围和更高的层面，把NOSA的风险分析不仅用于基建、生产、经营，还用在财务管理、人事管理和队伍建设上，实现了多赢，即干好一个工程，带出一支队伍，广交一批朋友，开拓一片市场。

环保是台电建设者们高举的第二面旗帜。台山市素有"中国第一侨乡"之称，截至2003年，有130万个同胞侨居92个国家和地区，每年都有成千上万人回乡探亲，电厂是他们指定要参观的地方。侨居美国的台山洛杉矶同乡会会长余杰鹏先生最关心环保问题。2003年他3次回到家乡，11月中旬，他在时任台山市委副书记陈俊立的陪同下再一次来到台山电厂。他希望实地看到台山电厂提出的环保目标——"烟囱不冒烟、厂房不漏汽、废水不外排、噪声不扰民、灰渣再利用"是不是真能做到。

这位多年生活在西方的余先生仔细考察了包括输煤系统在内的每一个细节，让他激动的是有很多好消息要转达给洛杉矶的同乡，让他骄傲的是国产设备也能达到这么多个"第一"：环保投入占工程总投资的比例超过13%，是全国同类机组中最高的；投入5亿多元率先在国内60万千瓦机组同步建设石灰石—石膏湿法脱硫工程，脱硫效率达到95%，最大限度地减少了二氧化硫的排放；台电燃用低灰煤，本来采用三电场电除尘器就可以达到国家排放标准，而他们采用双室四电场高效静电除尘器，烟尘排放浓度小于国家排放标准；台电将粉煤灰综合利用、废污水再利用设施与主体工程同步建设，做到了废污水的零排放……

把最脏的地方变成了最亮的地方，让美的地方更加亮丽。台山电厂建设初期，他们就下决心这样做。如今，输煤工程、烟囱工程、化水车间工程、煤码头工程等规划的亮点全部亮了起来。以竞争的态势去建电厂，以经营的眼光去抓基建，以全局的视角做环保，台山电厂是它的上级——国华电力公司——对自己的又一次挑战，又一次超越。

离开铜鼓湾时太阳已经高高升起来了，海风的凉意渐渐退去，天空变得更加湛蓝，卷卷云朵漫天舒展。我们又一次想到了《台电潮》上的一首诗：是否每一颗星都能放射出耀眼的光芒，是否每一种花都能散发出沁心的芳香，是否每一个人都能创造出一生的辉煌……其实这些都取决于与一个伟大事业的结合,与一个优秀团队的捆绑。

按照规划,一号机组的成功投产对于台电来说仅仅是个开始,二号机组的建设正在紧锣密鼓地进行。之后,台电将建设8台60万千瓦的机组,这是一个宏伟的蓝图,它既需要马拉松的耐力,又需要百米赛的速度,更需要许许多多的人为之奋斗,而这样的人就像铜锣湾的海潮,在每一次激越澎湃之后都能获得一种全新的意义。

好工程是所黄埔军校

士别三日,当刮目相看,那士别三年呢?

2006年,我第二次来到铜鼓湾,与首次踏上这片土地恰隔三年。

面朝南海,一览小渔村,诗意来了。

蓝天白云下,一个雄伟的现代化电厂矗立起来,它俯瞰碧波,背靠青山,遍地绿草如茵,处处鲜花盛开……

领先行业,创造了一个个奇迹,荣耀来了。

台电项目荣膺中国建筑业的最高荣誉——"鲁班奖"!全社会向它投来钦佩的目光。

几万人的建设大军云集,繁华也来了。

台电工程很特别。每个参建单位除了规划经济、技术指标,还有一个培养人才指标,通过一号机组、二号机组建设各自培养多少个项目经理,工程伊始就规定得清清楚楚。项目建设完毕,参建单位可谓收获满满。

在建设者眼中,台电就是一所"黄埔军校"。

21世纪初,广东缺电500万千瓦,整个中国普遍"电荒",从台电工程到全国电源点大建设,可以说中国电力建设是从这里重新出发,走得更高更远。

一个好工程是参与者的彼此成就,一个好工程就是一所黄埔军校。

忍不住想说的"标题事件"

《南海鲁班——国华台山电厂建设项目荣获"鲁班奖"纪实》发表在2006年两会期间。有一天下午,文艺部通知我去看大样,匆忙而兴奋地赶回报社,一看大标题,心里凉了半截。

"这可是花费好长时间才琢磨出来的呀!"怀着沉重的心情去找文艺部副主任王必胜陈述理由,希望能够恢复原样。王主任说他再琢磨一下,快要下班了才知道标题是副总编辑陈俊宏改的,"陈总刚从中宣部理论局调到报社,我们是否应该尊重一下领导的意见?"王主任建议。

回家躺在床上思来想去,觉得自己的坚持有道理。第二天一早,就鼓起勇气给陈总打电话,直接阐述我的想法。"有道理,就按你的来!"没想到陈总非常谦和、豪爽。

"你去找陈总啦?这个丫头真倔!"事后王主任调侃。

其实,我这个坏毛病是成长环境造就的。

《张家口日报》是我新闻生涯的第一站。让我惊讶的是,大家彼此之间都直呼其名,比如"孟贤""怀文""老朱""兆绪"……这让我一个小丫头简直无法张口。

至今记得总编辑李孟贤关于业务探讨的文章《亦多亦少共斟酌》，那时候调查研究和业务探讨的氛围很浓。《张家口日报》是河北省获全省、全国新闻奖最多的报纸，可谓小报不小，精品多多。

至今记得走进《张家口日报》的第一天，副总编辑李怀文对我们的提问——"做职业型记者还是事业型记者"，短短的一句话需要用一生去体悟和践行。

人民日报《市场报·财富周刊》是我新闻生涯的第二站。这里有一批"无知无畏"的同事，经常为业务争论得面红耳赤。大家之间也是直呼其名，我们称副总编辑孙大胜为"老孙"，主任田晓明为"老田"，副主任赵秀芹为"赵秀"。家的氛围今天还在。

多一些专家，少一些官僚；多一些平等，少一些压制；多一些情怀，少一些市侩；多一些纯净，少一些杂念；多研究问题，少搞花拳绣腿……

炎炎夏日，深情地呼唤清凉的媒体生态。

陈俊宏老总退休几年了，我的一个笔记本扉页上记着他的话："鼓励积极性有积极性，不鼓励积极性也有积极性，打击积极性还有积极性！"

南海鲁班
——国华台山电厂建设项目荣获"鲁班奖"纪实

冬日的南海辽阔而宁静,它默默地丈量着时间的脚步,静静地期待着春天的消息。

2006年刚刚走过23天,一只信鸽煽动着欢快的翅膀飞来了!它飞过长江,飞过珠江,飞过长长的进山隧道,一直飞向台山赤溪镇铜鼓湾。曾经属于梦想,如今成为现实。这一天,坐落在南海小渔村的国华台山电厂项目荣膺了中国建筑业的最高荣誉——"鲁班奖"!

抛开所有的艰辛和疲惫,去追逐大海那澎湃的潮水,去嬉戏铜鼓湾那跳跃的浪花……

一千多个日日夜夜,上万名建设者,一串串深深的脚印……

南海,把你目睹的一切讲给大家听吧!

宋明霞,《人民日报》2006年3月4日第12版、《新安全》第3期。

一

2001年秋天，铜鼓湾迎来了历史上最热闹的日子，由神华集团与广东粤电集团有限公司共同建设的国华台电项目开工了，一支又一支队伍浩浩荡荡地开进了山里。5年过去了，蓝天白云下，一个雄伟的现代化电厂矗立起来了，它俯瞰碧波，背靠青山，遍地绿草如茵，处处鲜花盛开；它创造了一个个奇迹，实现了一次次超越，全世界向它投来钦佩的目光……

2003年12月9日，台电一号机组正式投产发电，仅用25个月零9天就投入商业运行，刷新了同类型火力发电机组建设史纪录；二号机组仅用了不到30个月就投入商业运行。两台机组以行业第一名的优异成绩入选"2005年中国电力优质工程"。到2005年年底，两台机组累计发电148亿千瓦时，各项技术指标和经济指标均达到国内领先水平。

正是这一次次的领先和超越，成就了台电的"鲁班奖"。

"鲁班奖"的核心是一流的工程质量。

台电的建设队伍来自四面八方，不要说各自的作业习惯不同，就连工程验收表格都五花八门。如何调和酸甜苦辣、融合南北东西、形成现场合力？

台电决定以高立意破题。那就是以始为终，解决生产基建"牛蹄两瓣子"的难题，让基建为生产、生产为经营、基建生产一体化；以"更安全、更可靠、更先进、更经济、更规范、更环保"为原则，统一标准，计划创优；目标就是确保电力行业优质工程，争创"鲁班奖"工程，创建国际一流火力发电企业。

俗话说，将帅无能，累死三军。台电的管理者一开始就认识到组织管理对确保工程创优的重要性。为此，引进了国际上先进的基建MIS系统和P3软件系统并不断升级，将现场各参建单位都纳入信息管理体系。系统将每个项目需要干什么，谁来干，干成什么样，谁负责，都分得一清二楚。这样，科学测算工期，排查问题，及时调整计划进度，对工程时时监控、事事监控，全过程控制就成了现实。

在台电档案楼，一本本质量计划书和作业指导书记录着施工单位每个项目的细化及施工过程。仅一、二号机组的监理细则就达40本，作业计划书398本，专项质量计划书52本。

2005年年初，二号机组抢修，针对参与单位多、人员复杂、时间紧的情况，台电从施工单位编制的作业计划书中找到了3个控制点，以点带面。每项工作开展前有进度规划、风险评估、质量要求、定量定点；工作进行中有直接记录、施工记录、定人定物；工作开展后有阶段控制点、专家把关。3月上旬，以定子顺利通过各项电气试验为标志，二号发电机抢修工作全面告捷。

"零安全事故、零质量事故、零上访事件、零合同纠纷、零刑事案件,到现在为止,法院跟我们没关系",台电人的自豪感溢于言表。率先在国内60万千瓦机组采用国际最先进的石灰石—石膏湿法脱硫工艺,脱硫效率达到95%。两台机组烟尘排放量仅为国家标准的1.3%到1.8%。从浇注第一方混凝土到首台机组顺利通过168小时试运行,锅炉水压试验、汽轮机扣盖、厂用电受电、锅炉酸洗、分部试运、点火冲管、投电气主保护、投热控跳机保护、整套启动试运及并网发电,台电实现了10个一次成功,这在许多电力项目的建设中是不敢想象的。

二

5年的风风雨雨,成就台电的不是轰轰烈烈的大事,而是细节。用台电时任总经理何成江的话说就是:"针尖上打擂台,拼的是精细"。

广东火电台山分公司时任项目副经理潘润峰、时任质量部经理叶明嘉对此颇有感慨。由于长期搞涉外机组,刚开始大家对争夺"鲁班奖"的好处认识不到位。只是觉得这里的业主比外企还严格,还苛刻。按照惯例,以往化水区域的电缆线都是从顶部进入盘柜,业主却提出从下面进线。在大家看来，现场小管布置得已经很漂亮了，可是业主仍然嫌不够美观，要求改进。工人们当时真的想不通。

业主的理由让这支南方劲旅深深震撼了——南方暴风雨多，盘柜常年置于露天区域，无论封闭多么严密，时间久了雨水也会从电缆线的细微缝隙渗进盘柜，造成短路。一个北方的业主对暴风雨的认识居然如此到位、如此深刻！大家从内心服了。从此，在台电工地，所有的露天电器只要条件允许都要求下进线。一至四号机组投入运行以来，从来没有因为设备进水影响机组运行，如今，这一电缆进线工艺已经被写进台电工艺标准。

2004年5月，技术人员通过长时间对点检数据运行参数进行分析，发现一号机组润滑油系统的油压呈缓慢下降趋势，就是因为这看似微小的发现，避免了润滑油断油的灾难性事故。2005年，广东省最大电力负荷缺口达450万千瓦，省经贸委下达的发电量指标为87亿千瓦时，台电没有额外停过机，有力地缓解了广东省用电紧张的局面。

用精准的数据说话已经成了台电人的习惯。按照国标，一个工艺的优良标准是误差小于5毫米，在台电，绝对不可以这样记录，必须精确到具体毫米数。哪怕是设备上的一个小小的螺栓，露出的部分也必须符合工艺标准，多余的一律锯掉。

出发点不同，结果大不相同。一、二号机组建筑、安装单位工程共131个，优良131个，单位工程优良率为100%；两台机组总焊口9.8万道，试运5年来没有出现一处泄漏。

三

每一个人都是南海万顷波涛中的一朵浪花，都是万仞高山上的一粒石子。

在台电，有这样一组图片特别引人注目：特写的心、特写的手。是啊，台电"鲁班奖"是所有建设者的细心、真心、用心的结晶，是所有建设者创造、协作、呵护的结果。

"一个企业的积极性代替不了众多企业的积极性，台电的任何制度都要围绕着做事，都要着眼于价值创造力和可持续发展力"，国华电力公司时任总经理秦定国每次到现场都要强调这一点。

锅炉酸洗是保证整个系统更加清洁的关键步骤，施工中，负责二号机组的天津电建主动请缨要求突破合同规定，扩大清洗范围，首次增加对"过热器"部分的清洗，国华电力公司领导全力支持，号召公司各在建工程的全体项目经理到现场全程观摩。首项锅炉酸洗样板工程终于在一片掌声中成功了，国华电力公司当场宣布把这一标准推广到公司其他项目中。

建一号机组汽轮基座，光混凝土就得用2000方。为了控制温度，广东省电力第一工程局把混凝土加添加剂、布设冷却水管、原材料淋水三种措施同时使用，这在企业施工史上还是首次，为确保汽轮基座内外部质量上了三道保险。

在台电，参建单位技术攻关和竞赛活动此起彼伏。以小亮点带动大亮点，一个学习、竞争、合作的良好氛围形成了。

四

5年来，台电工地从来没有提过大干多少天的口号，也没有搞过什么誓师大会，一切都在平静中有序进行。每当有人提出质疑，性格幽默的何成江就用那个被他戏称为"温水煮蛤蟆"的道理来反驳："你说，是东抽一鞭子西打一鞭子管理成本低，还是一次到位、一次做对、一次成优成本低？你说，是靠烤火、抢山头、下倾盆大雨形成好习惯更有效，还是靠润物细无声、走耕心之旅更有效？"

"我是台山出来的"，在国内其他施工现场，总有人会这样介绍自己。

在建设者眼中，台电就是一所"黄埔军校"。

一号机组施工时，广东火电提出要通过这个平台培养10个项目经理，这个目标在2005年实现了。台电项目部已经成为天津电建在南方的人才基地，是公司其他项目的标杆。台电项目是东北电建与国华合作的第一个项目，公司时任总经理吴立峰说，作为一个示范工程，台电施工现场对公司发展影响很大。

夜幕降临，整个厂区灯火辉煌。漫步在明珠路上，交接班的员工三三两两骑车而过。南海的风轻轻地吹来，湿湿的、柔柔的，伴着几声蝉鸣，棕榈树在轻轻地舞着，各种花儿在悄悄地开着。厂区护栏外，南海带着欢腾的浪花冲进黑沙湾，夜幕中，竞相激荡、超越。作为2005年国内规划建设最大的火力发电企业，台电描绘的是一个让世界瞩目的宏伟蓝图。"鲁班奖"已经成为台电标准，对于所有的建设者来说，更大的价值在于未来。

苦水玫瑰

翻开中国电建史,神华河北国华沧东发电有限公司绝对是道别致的风景。

苦咸水啥味道?来到沧东才晓得。不要说饮用,就是用处理过的水来漱口,都得"战胜"苦涩感。

水质苦咸、土壤沙化、植被稀少,在这个生态环境十分脆弱的地方建电厂,又正处在全国"电荒"高峰期,可能把用电和生态都当头等大事来抓吗?

十几年前,沧电就做到了。

淡化海水,实现淡水零开采;围海造陆,实现耕地零占用;封闭式输煤,实现燃煤零运输。3个"0"既是全新的思路也是漂亮的答案,成就了"国际先进,行业领先"的一流海滨电厂。

沧电的价值不仅于此。

把自然环境的劣势翻转为产业优势,突破单一电产品的增长方式,建设"发电—海水淡化—淡水供应—盐化工"全产业链,沧电办电思路新。今天行业提倡的煤来电去,水来汽去,煤来灰去,开展综合能源服务，沧电可以说是先行者。

全产业链向国产化迈进是沧电建设史上最浓墨重彩的一笔。

机组国产化不必说。沧电从建设初期引进国际先进的海水淡化设备，到自主研发万吨级低温多效海水淡化装置，变首用为首创，我国终于拥有了自主知识产权国产万吨级低温多效海水淡化装置，我国海水淡化实现重大突破，周边地区百姓终于过上了"淡如水"的日子。

十几年后的今天，中国制造"国产化"提速，产业升级步伐加快，重新审视沧电，它仍是一朵品质独特、色泽殷红的"苦水玫瑰"。

渤海三叹

渤海湾，沧州东。

钢筋水泥浇筑的围堤如龙脊般沿渤海岸蜿蜒而起。

从空中俯瞰，7000多米长的围堤内，坐落着现代化的火力发电厂。雄伟的厂房、高耸的烟囱、势如巨龙的海水淡化装置，让这座大型电厂犹如游弋在浩瀚海面上的一艘航空母舰。

2008年12月19日，一个声音在天地间回响：国产万吨级海水淡化装置在神华河北国华沧东发电有限责任公司（以下简称"沧电"）研发成功！

从此，中国有了自主知识产权的大规模海水淡化装置。

告别悲情与木然，世世代代饮用苦咸水的历史就要被改写。走出瓶颈与困惑，渤海地区缺水的局面也将有望改观！

九千年渤海，潮起潮落。

九千年渤海，无奈茫然。

此刻，它屏息倾听着，深情注视着。眼前的这一切，让它不禁神

宋明霞、宋国兴、廉志新，《科技日报》2009年8月6日第8版。

醉情驰，慨然长叹。

一叹：传奇的"0"

21世纪初，根据国家战略布局以及自身发展需要，神华国华电力公司决定在沧州东部黄骅港建设电厂，沧电应运而生。

消息传来，渤海喟叹不已。

渤海深知，火电厂是只一刻也离不开淡水的老虎。如果让这只大老虎卧在这儿，那么原本淡水就奇缺的地方，以后的日子就更可想而知了。

渤海的担忧自有道理。

古之沧州虽地处环渤海中心地带，却人烟稀少。方圆百余里，均系芦荡荒滩。土地瘠薄，旱、涝、虫灾时有发生。此地最为难居者的问题，乃淡水奇缺。千百年来，百姓唯饮苦咸水。时至2009年，沧州变化虽地覆天翻并正逐步成为河北乃至环渤海地区具有发展活力的地区之一，然而淡水仍为民生之虞。浩浩渤海只恨自己有心无力，虽浑身是水，却派不上用场。九千年的波涛带给这里的，只有被自己侵蚀得难以生草长树的盐碱滩涂。

在这里建设电厂，的确是个只占了天时却不占地利的选择。

淡水零开采。沧电坚定地下了第一个决心。

土地资源的紧缺，让沧电不忍再与陆地谋居。为了给国家省下宝贵的土地资源，他们决定向大海要地，用围海造地的办法，让渤海献出一片新陆。

耕地零占用。沧电坚定地下了第二个决心。

与黄骅港紧邻，给了电厂自身不需建设铁路、不设卸煤系统的便捷，从港口煤场直接用输煤皮带取煤，把电厂建设对自然资源的需求和对生态环境的影响降到最低。

燃煤零运输。沧电坚定地下了第三个决心。

3个"0"？那不过是个美丽的传说！历经沧桑的渤海怎会轻易相信。

2002年11月30日，沧电围海造陆工程拉开了序幕。

开工伊始，渤海与天气就联手和这个工程铆上了劲。冬季的渤海湾气温骤降，海上的浮冰聚集成大大小小的冰山，厂区范围的海域全部被覆盖，沧电围海造陆工程被迫停止，工期整整推迟了3个月，沧电的总体进度受到了严重威胁。

翌年3月，渤海湾送走了严寒的冬日，迎来了温暖的初春。沧电迅速准备恢复施工，不料遭暴风雨突袭，十级大风卷起巨浪，把堤心石抛出十几米，刚刚成型的围堤变成了一片乱石滩，已经压实了的水泥路面严重塌陷。

一波未平，一波又起。2003年5月，"非典"疫情大面积暴发。建筑材料供应不畅、施工队伍人员不足，一系列问题接踵而至，厂区吹填工程在艰难中向前推进。

吹填工程刚刚结束，一场渤海湾百年一遇的特大风暴潮突然袭来。2003年10月10日午夜，沧州沿海平均风力8级，阵风11级，并伴有大暴雨，最高潮位5.9米。处于黄骅港最前沿的围海造陆工程，再次经历了严峻的考验。

风高、浪急、雨狂的当口，国华电力公司时任总经理秦定国不顾生命危险，驱车6个多小时赶到沧电。

"不要因为一次哭泣就永远垂下自己的眼帘，也不要因为一次失败就愤愤地把种子扔得老远。"危难之时，神华集团领导、国华电力公司领导班子身先士卒，当地政府迅速组织人力前来救援。一双双手紧紧地握在了一起，在彼此坚定的眼神中找到了绝不屈服的力量。

置之死地而后生。凭着顽强的意志，沧电闯过了一道道难关。

沧海变桑田。

2004年2月8日,48.8万平方米的海域成了坚实的陆地,地面标高5.5米,整个工程围堤长7168米。只用了短短14个月的时间,沧电就创造了国内同类工程建设的新纪录。围堤的沉降量小于设计值,预压加固后形成的地基承载力大于等于设计值。将电厂所有建筑物都置于软基质上,在国内还没有先例。沧电首次在北方地区采用大型充沙袋筑堤工艺,率先采用四支盘灌注桩,保证了基础稳固。沧电围海造陆工程以"国际先进,行业领先"成为电力建设史上划时代的创举,翻开了中国火电建设崭新的一页。

与此同时,沧电着手从国外引进世界最先进的日产万吨低温多效海水淡化装置,利用电厂低品质蒸汽进行海水淡化。引进世界最先进、最节能的万吨级低温多效海水淡化装置,这在当时的中国尚属首次。

连游泳都不可以的渤海湾,水质是否具备淡化条件?作为沧电海水淡化的水源,黄骅港港池地处浅滩,是古代黄河入海口,泥沙和悬浮物含量高,水质变化大。在这种条件下,国内还没有海水预处理装置成功运行的先例。

朔风飞雪。为保证设备正常运行,沧电项目组成员腰系绳索,头戴护耳,冒着生命危险在港池边取样试验。经过反复论证,最终选用了高效混凝沉淀设备,满足了海水淡化装置的进水要求。

2006年3月，随着一、二号机组成功投产，国内单台规模最大、技术最先进的海水淡化装置制水成功，两台设备满负荷运行时不仅能满足沧电自身的淡水需求，还可以向周边地区供水。

海水酿甘露。

沧电开工建设时正值全国"电荒"高峰期，各地竞相上马电厂，一时电力设备价格飙升。沧电围海造陆和海水淡化项目无疑增加了建设成本，于是有人断言，这注定是个赔钱工程。

渤海也暗暗地忧虑。

"用国产机组建造一座全寿命期内综合效益最大化的一流海滨电厂！"开工伊始，沧电就发出豪迈的誓言。以时任总经理刘志江为首的领导班子精心布局，带领全体员工开源节流，历经4年艰苦卓绝的奋斗，顺利完成了工程建设。沧电不但没有沦为赔钱项目，而且实现了当年投产、当年稳定、当年盈利的目标，为河北南网输送了源源不断的优质电能，对华北电网网架起到了有力的支撑作用。

誓言成现实。

渤海无言，渤海有声。

掀起一朵朵浪花，轻轻地拍打着堤岸，那是渤海最深情的抚慰。3个"0"不再是美丽的传说，渤海感到了切实的骄傲。

二叹：自豪的"8"

长期以来，大型低温多效海水淡化技术被发达国家垄断。技术一旦受制于人，产业化就没有前景。在项目实施过程中，沧电深刻地认识到了这一点。

"要从中国经济又好又快发展的高度去认识设备国产化的意义，我们不能因为用了进口设备就免责，现有工程建设必须坚持国产化。"国华电力公司时任总经理秦定国是沧电海水淡化装置国产化的坚定践行者，国华电力公司的发展之路就是坚定不移地实践国产化的历程。

2006年5月24日，成套引进的日产万吨级海水淡化装置刚刚运行百天，国华电力公司就提出在二期工程建设时，自主研发万吨级低温多效海水淡化装置的战略构想。

自主研发万吨级低温多效海水淡化装置是一项系统工程，没有任何经验可以借鉴，研发难度大、失败的风险高。

项目研发一开始便陷入了混沌与尴尬。

国华电力研究院专门从事海水淡化业务的仅有几人，组建一支基本队伍难、核心技术入门难、寻求社会合作难，3个难题使整个团队茫然无措。

"只在自家兜圈子，不开阔思路，不拓展合作空间，很难走出困境。"关键时刻，国华电力公司领导班子一起深入沧电，集思广益。不久，一个全新的思路诞生了，那就是遵循"以市场为导向、以企业为主体、产学研用相结合"的科技创新模式，本着"共同研发、共同拥有、业绩共享、独立使用"的合作原则，联手推进国产化进程。

这是一个冲破小我的高境界统领。

风险共担、利益共享，信任的壁垒因此融化，行业的隔膜因此冲破，各方的心一下子就靠近了。短短100天时间，就完成了项目的总体研究报告。

随之进入概念设计和专家评审阶段，这可是海水淡化项目能否国产化的一个关键节点。

根据掌握的信息，沧电尽可能邀请到了行业及相关领域的各路专家，他们是多么盼望能得到大家的支持啊。可是，由于国内低温多效海水淡化研究力量不足，尤其是缺乏大型工程应用实践能力，评审会上，没有谁敢充满信心地说一声：没问题！

显然，项目是否上马最终还得国华电力公司自己定夺。"怕失败，中国人就没有自己掌握这项技术的那一天！"最后，秦定国总经理毅然拍了板。为了给研发团队减轻压力，他提出："我不要求你们一定要做到国际先进水平，只要能够做到8折出力，日产1万吨就算成功！"

筑巢的燕子尚需目标和韧劲，真正的凤凰更需要忘我的执着和涅槃的勇气。

国华电力公司领导层的包容与理解给了团队莫大的鼓舞。此时在他们心中，"8折"早已不是寻求退路的底线，而成了坚定不移实现目标的精神支柱。

2007年4月，"万吨级低温多效海水淡化装置国产化领导小组"成立。同年6月，国华电力公司、国华沧电、国华电力研究院、华北电力设计院、上海电气电站集团和上海动力设备有限公司共同签署合作协议，六方联手投身研发。

一个"用"字，破解了国内"产学研"中技术保密、各自为政、缺乏核心的难题，在国华电力公司搭建的舞台上，中国低温多效海水淡化国产化的大幕终于拉开了。

一场组织严密、分工明确的联合作战紧张有序地进行：

国华电力公司——发挥强有力的领导和组织协调作用；

国华沧电——发挥企业主体作用，全程参与技术研发，承担项目组织管理；

国华电力研究院——负责核心技术研发和系统设计，承担装置性能保证和项目技术管理；

华北电力设计院——负责配套系统的设计优化；

上海电气电站集团和上海动力设备有限公司——负责设备制造。

浙江融智能源科技公司、天津大学、大连理工大学、华北电力大学、西安交通大学等院所和国内一大批知名专家前来鼎力支持，众心齐聚渤海。

认准了方向就要勇敢地去承受过程。

数字记录着精细繁复的工作：

500——从最初概念设计方案图，到中期设备总图、接口图、各类零部件制造图，到最后提交的竣工图，共完成图纸不少于500张；

9——为减少蒸发器筒体变形，保证焊接质量，技术人员对9种不锈钢材料的各种焊接方法进行工艺试验和比较，最终确定了二氧化碳气体保护焊；

13200——蒸发器管板和隔板的同心度加工精度要求在0.15毫米以内，沧电采用六效蒸发器，每效有2块管板、5块隔板，在每块5.17米×2.75米的管隔板上就要钻出13200多个孔。

……

2008年6月，国产万吨级海水淡化蒸发器按期下线。这个庞然大物总长86米，比空客A380还要长13米，总重660吨，超过400辆普通轿车的重量总和。

2008年12月19日，国产万吨级海水淡化装置主要技术经济指标均优于1.25万吨/日的设计值。

2009年4月10日，沧州渤海新区，中国电机工程学会组织召开"1.25万吨/日低温多效海水淡化装置研发及在火电厂的应用"项目技术鉴定会，各路专家给予高度评价，一致认为沧电国产万吨级海水淡化装置已达到国际同类产品先进水平，具有很大的推广价值。

从此，我国终于拥有了自主知识产权国产万吨级低温多效海水淡化装置。

3年上下求索路，这个项目拥有十几项技术专利，创造了8项全国之最：

国产化程度最高——技术研究、设计、制造、安装、调试全部实现国产化，国产率达到100%，这是我国海水淡化史上的一个重大突破；

技术最先进——采用最节能的低温多效技术，利用电厂低品质抽汽制取淡水，淡水含盐量小于 5mg/L；

造水比最高——满负荷生产时，造水比超过了设计值 10.2，而同类进口装置仅为 8.33，同等蒸汽量可多制 22% 的淡水；

成本最低——与同期进口装置相比，总投资降低，造水比提高，制水成本降低了 13%，更具市场竞争力；

规模最大——日制淡水 1.25 万吨，成为我国目前已投产的最大单台海水淡化装置；

最先完成万吨级低温多效海水淡化装置的自主设计和制造；

最先开发出万吨级低温多效海水淡化装置的控制软件；

最先设计出万吨级低温多效海水淡化装置平流进料 4+2 型布置方式。

突破瓶颈，变首用为首创。万吨级低温多效海水淡化装置的国产化，又一次显示了国华电力公司强大的自主创新能力，丰富了国华特色的自主创新模式。

没有特别的仪式，没有大规模的庆典，渤海卷起欢腾的浪花，是献给沧电雷鸣般的掌声。

三叹：执着的"1"

甘于寂寞，不肆喧嚣，沧电以它特有的沉默、坚韧的方式，在快与好之间求得了妥帖的平衡。

一期工程一、二号机组实现了16个重大节点一次成功，取得了7项全国第一。二期工程三号机组实现了10个重大节点一次成功，创造了8项全国第一。

2008年，沧电一期工程从全国成千上万个项目中脱颖而出，荣获全国建设工程最高奖——"鲁班奖"。沧电圆满完成奥运保电任务，全年实现零非停、零事故。在经济危机、煤价高企、电力企业大面积亏损的情况下，沧电却一举打破了河北南网大机市场占有率低的历史格局，创造了3个第一——合同电量第一，替代电量第一，市场占有率第一。

前无古人的工程，颠覆式的创新，骄人的业绩，6年的路径轨迹，就这样悄然完成了。在很多人看来，实在不可思议。

"我们不比别人聪明，我们靠的是什么？靠的是比别人更多地付出"，回想走过的历程，沧电的每个建设者都有太多的感动、太多的感慨。

电力基建市场的长期高速运转，造成行业资源紧张。如何确保设备质量，如何确保如期交工，直接关系到投产后机组的安全与效益。沧电一改传统模式，反客为主，潜心服务。主动融入合作单位，从设计、原材料入手，拓展设备监造的深度及广度，加快了工程进度，确保了工程的质量。

"鲁班奖"是一个个精品汇聚出来的。认真审查每一张图纸，认真核对每一个供货范围，精心策划、合理安排每一道工序，准确发放每一张工作联系单，沧电人非常看重小事，以至于同事间常把"老一"作为绰号。

这就是神秘的沧电力量。无论是谁，只要你来到这里，就像被磁化了的航海罗盘，无论怎么拨扰它，最后绝对指向一个方向——要做就做一流。

这就是特有的沧电内涵。凭着它，沧电无畏地投身到大海；凭着它，沧电创造出独特而超群的卖点；凭着它，沧电的目标不断放大。

当万吨级海水淡化国产化技术刚刚取得阶段性突破，沧电就立刻绘制了新的蓝图：发挥水电联产优势，在目前已投运的3.25万吨/日规模的基础上开展20万吨/日的海水淡化工程。明确了"转变单一电产品增长方式，以水促电、以电制水"的发展思路，构建"发电—海水淡化—淡水供应—盐化工"的产业链条。

沧电要跳出行业吃螃蟹？行业及社会纷纷投来关注的目光。

"企业的发展只有与国家战略目标一致，才有可能确立优势；企业的发展只有具备国家战略意义，才能有全新的发展"，在沧电时任总经理许建华看来，这是沧电从经营实践中得出的最有力的答案。

这是沧电的立意，更是沧电的信念。6年来，他们一直在矢志不渝地坚守着，百折不回地践行着。如今，这个信念更加坚定了。

站在全球经济的高度，站在国家战略的高度，更多的思考进入了沧电的视野。

有权威人士预言，20世纪，人类为石油而战，21世纪，人类为水而战。

进入21世纪，淡水已经成为一个国际性问题，全球"渴"声一片。我国的淡水问题也不可小视：我国人均水资源占有量仅为全球的1/4，全国600余座城市中有400座缺水，其中108座严重缺水，经济发达的沿海地区更为突出。一些沿海地区地下水超采，造成地面下沉、海水倒灌、生态环境恶化。随着经济高速发展，水资源问题越来越成为制约我国可持续发展的瓶颈。

为解决沿海地区水资源问题，我国在2005年出台了《海水利用专项规划》，明确提出"向大海要水"的构想——大力支持海水产业基地建设，鼓励自主创新，推进大规模设备国产化，提高技术持续创新能力。

国家的需要就是企业的责任。

责任就在身边。

沧电地处淡水严重缺乏的沧州地区，人均水资源占有量仅为全国人均水平的8%。由于过量开采地下水，诱发了严重的地面沉降，至2001年，中心沉降量已超过2米，成为我国地面沉降最严重城市之一。河北经济进入加速发展期，沧州渤海新区被确立为"打造河北沿海经济强省"的两大经济引擎之一，水资源严重匮乏已成为制约当地经济发展的重要因素。根据2008年的实际供水情况，渤海新区2010年缺水超过10.5万吨/日，越往后就越严重。

市场的需求、民生的需求就是真正的需求。

各级政府都在积极寻求解决问题的方法。2008年，河北省时任省委书记张云川在省委党校开班仪式上要求，沧州要想办法解决淡水资源短缺问题。同年6月，时任省长胡春华视察渤海新区，特别强调要将解决水资源短缺问题当做头等大事来抓。2008年沧州市《政府工作报告》明确指出，加快推进沧电海水淡化产业建设，解决东部地区基本生产生活用水问题。

最基本的问题蕴含着最深刻的道理。

突破水资源硬约束，凸显沧州地区的比较优势，促进渤海新区新经济带的隆起，沧电义不容辞。

沧电的目光一直在关注着京津。

2009年入夏以来，北京持续高温，城市用水量逼近295万立方米的日供水极限创下近百年最高水平。

天津的情况同样不容乐观。

整个环渤海地区一直在寻求水资源解困之路，于是，他们产生了一个大胆的设想：北京考虑过多种跨流域调水方案，但是，在正式调水之前，首都水资源可持续发展是不是还有第三条道路可走呢？能否立足环渤海地区，把水源保护与开发相结合，改变用水结构？海水淡化应该是一条水资源可持续供给之路。

广阔的市场前景，得天独厚的自然条件，先进的技术优势，成熟的水电联产模式，引领产业化的使命落在了沧电的肩上。举起产业化大旗，建设海水产业基地，积极推进资源综合利用与开发，成为国家级海水淡化产业化示范项目，打造全国首个城市供水品牌，沧电日夜兼程。

2008年8月，《20万吨/日级海水淡化工程初步可行性研究》审查会在石家庄召开。

2009年4月，20万吨/日海水淡化工程项目筹备组成立。

2009年7月，完成可行性研究报告，8月递交相关部门审查。

2009年8月，进一步优化以降低工程投资和运行费用为目标的设计方案。

在20万吨/日海水淡化项目推进的同时，沧电已经开始进行电厂、水厂的技术整合研究，融两者为一体，如后置机方案、背压机组方案等。在海水淡化装置利用电厂低品质乏汽的同时，又提高了电厂热效率，使水电联产模式更加成熟，制水成本进一步降低。

社会各界以热切的目光关注着沧电，前来参观、洽谈者络绎不绝。

有人形象地说，沧电找到了"蓝海"。也有人说，沧电走上了稳健发展的坦途。而在时任总经理许建华看来，如何把自然环境的劣势翻转为产业优势，让企业具有更大的价值创造力和可持续发展力，才是问题的根本。

许建华坦言，尽管我国海水利用取得了突破性进展，但是，海水淡化产业化不会是一条坦途。对海水利用的认识不足、缺乏完善的政策体系支持、标准体系尚不健全、产业化能力落后、高层次人才匮乏等问题，亟待进一步解决。

只要找到路，就不怕遥远。

没有生机勃勃的绿，没有绚丽夺目的黄。在这四季不分、寸草不生之地，蓝，是沧电人最质朴、最简洁的表达。

深情地拥抱大海，感受大海的生命，体会大海的不凡，领略大海的坚强，一旦融入大海，就会在海里看见自己。

大海投以赞许的目光。

迅即，大海把目光移向了前方。

此刻，一轮红日正从海面冉冉升起。

又是一个新的开始。

一个有价值的答案

不到毛乌素沙漠，不知道西北的风有多大。

厚实的棉门帘挡在办公大楼自动门外，当大风来兮，却轻如薄纱，在空中翻飞。

这强劲的风吹动了中国能源生产的全新变阵，从30万千瓦煤电机组到60万千瓦机组国产化。中国电力制造国产化步伐加速，能源高效利用的步伐也在加速。

锦能的地位有多重要？

"你走的参观路线就是胡锦涛主席去年来我们这里走的路线"。时任董事长王建斌当年的介绍还在耳边。

作为中国最具环保效益和发展能力的新型能源企业，作为中国最具示范效应的煤电一体化企业，国家电网直接调度的几家发电企业之一，国家高度重视。其"六更一创""五型企业""六个一体"至今仍有强大的生命力，恰如西北那粗犷奔放、荡气回肠的信天游。

今天怎么看锦能的价值？

2019年6月，中国电力企业联合会（简称"中电联"）发布《中国电力行业年度发展报告2019》，煤电占发电总量的64.1%，今后相当长的时间内，清洁煤电仍是经济社会的重要支撑。然而不容回避的是，煤价跃动，电价禁锢，煤电博弈难题多年无解，每逢寒冬酷暑用电高峰期矛盾尤其突出。

这是一个有价值的答案。

国家宏观整合面太广，行业中观整合壁垒高，企业微观整合有出路。

大布局、大机组、大功率，清洁高效地利用煤电资源，通过企业间相互参股整合形成一体化格局，煤电博弈难题从局部破解开始，星星之火可以燎原。十几年后的今天，锦能对国家的战略价值仍可以进一步开掘。

毛乌素之光

天高地阔，大漠孤烟。

出内蒙古鄂尔多斯机场，驱车南行约一个半小时，就进入了陕北榆林。浩瀚的毛乌素沙漠就在眼前。

初春的毛乌素沙漠一片荒凉，沙漠怀抱中的神华陕西国华锦界能源有限责任公司（以下简称"锦能"）却处处能感到春意。

2008年，国内发电企业普遍亏损或利润下滑，而锦能全面完成了生产经营指标。截至2008年年底，累计完成发电量176亿度，实现利税13.5亿元。

作为"十五"期间国家重点建设项目，西电东送北通道的启动电源点，国内最具典型意义的煤电一体化项目，锦能受到党中央的高度重视。

宋明霞、宋国兴、廉志新，《光明日报》2009年3月8日第7版。

出　　征

多年来，电煤已成为党中央、国务院时常牵挂的大事。每年的盛夏严冬，发电用煤常常出现吃紧的局面。

2004年夏季，全国各地持续高温。正当酷热难挨的人们急需空调降温的当口，电力供应却无法满足需求，26个省市被迫拉闸限电。各地电厂都在喊着同一个声音：电煤告急！

燥热中的人们焦灼不安。

在我国的电力结构中，超过70%是靠煤炭发电的火电。煤炭产量中，将近60%用来发电。我国的煤炭资源大多在西部地区，而多数电厂却建在东部，这就让息息相关的煤电之间平生出了诸多矛盾。

首先是相互制约。煤炭市场紧俏时，电厂用煤常常不足；电力充盈时，煤炭销路往往不畅。"市场煤"与"计划电"相互纷争不断。2008年四季度至2009年一季度，电煤紧缺的形势虽有所缓解，但煤电双方矛盾依然突出。截至2009年3月，仍有一些发电集团未与煤炭企业达成供货协议。一些省市仍有可能出现区域性、季节性、时段性的电力供应紧张情况，电网大面积停电的风险依然存在。

其次是运输压力。西煤东运，千里奔波。公路汽运熙熙，铁路煤列攘攘。不论高速公路兴建多少，也不论铁路提速多快，电煤运输始终难以达到无忧境界。至于电煤运输带来的能源消耗、环境污染、挤占运力，这些都还顾不上计较。

几十年来，这一状况仿佛已被我们当成理所应当的了。

当科学发展观给了我们清醒的认识后，反观这有煤不发电，无煤硬发电，既舍近求远，又纠葛不断的情形时，煤电一体化就成了全社会急迫的呼唤。

2003年，国务院决定在陕北神府煤田腹地，由神华集团控股投资建设当时国内最大的煤电一体化项目，初期规划电厂容量为6×60万千瓦，煤矿年产原煤1000万吨。

这一决断，拉开了我国能源高效利用的序幕。

如果把旧有的火电比喻为煤矿和电厂合演一场别扭的双簧，那么，锦界的煤电一体化项目，就进入动作、台词全部由一个角色担当的自主境界了。"一个项目法人、一体规划、一体设计、一体建设、一体管理、一体经营"，锦能所有管网和基础设备均与"六个一体"全面对接。再没有了传统煤、电联营中不同项目法人体制下低效率和重复建设的现象。同时，项目完成后的运营管理也由建设人独立承担。

担当此项目大任的神华国华电力公司决心不辱使命。时任总经理秦定国亲自点将，授命王建斌为国华锦能煤电一体化项目筹建处主任，与谢林、吕志友等组成班子，连兵带将11个人背起行囊西征。

锦界，原本叫鸡界，即野鸡出没之地。只从地名就可想而知它的荒凉。

开始组建专业技术队伍了。不承想，锦界能源的上马恰遇电力大建设时期，专业人才奇缺，再加上锦界的自然条件，专业人才难觅。

于是，便开始向社会招聘。

一下子从各地来了12位技术人员。没想到头一天到了锦界，当天夜里就刮起了大风。荒漠的大风不刮则已，一旦刮起，便飞沙走石、昏天黑地。第二天，12个人中就有6个被大风"刮"跑了。

王建斌不改初衷，坚信锦能的魅力，继续寻才。

经过先后16次的招聘，毛乌素终于引来了来自国内14个省、54个地市的300多名技术人才。

挺立在大漠的狂风中，建设者们深感肩上沉甸甸的压力。

担　　当

锦界能源的建设牵动着神华集团领导的心。集团领导指示，工程的每个决策环节，都要贯穿一个国有企业对"国计民生"的深切责任感。国华电力公司时任总经理秦定国明确要求，要从资源节约、社会建设的高度建设锦能。

锦能人深深懂得他们肩负的责任。

为了不占用任何耕地，把项目对自然资源的需求和对生态环境的影响降到最低，在3个厂址备选方案中，锦能放弃了其他两个条件较好的地方，最终选定了毛乌素沙漠边缘荒漠丘陵区的锦界，为国家节约了宝贵的耕地资源。

在锦界煤电一体化项目设计初期，当很多业内人士听说电厂决定全部采用空冷汽轮发电机组时，都表示不理解：项目远离大城市和人群聚集区，何必在环境上那么较真呢？何况榆林地区的水资源还比较丰富。但是，锦能投资决策者却算了另外一笔账：陕北地区生态环境脆弱，如果四台机组采用水冷发电机组，固然可以节约大量资金，但是，采用空冷发电机组每年用水不超过680万吨，社会效益非常显著。

锦能果敢地迈出了这一步。全部发电机组均采用直接空冷技术，这在西北高寒地区尚属首次。这个决心一下，每台机组就需增加投资近1.2亿元，一二期工程4台机组投资即需增加4.8亿多元，这自然会带来资金的压力。

两年来的运行数据表明，空冷机组较同类型水冷机组节水75%以上，4台机组年节水2000万吨，相当于当地瑶镇水库的总储量。

锦能节水的步伐远没有停止。

以往煤矿用于消防、除尘的疏矸水是要排放掉的，锦能把它派上了大用场。2008年，锦能开始全部综合回收利用疏矸水，既解决了电厂用水的问题，又减少了疏矸水排放引起的环境污染。截至2009年3月，电厂每天耗水1.2~1.4万吨，其中利用疏矸水将近1万吨，剩余少量的排放也符合国家标准。按照总体设计思想，锦能三期工程全部利用疏矸水，地表水只作为备用水源，大大缓解了当地水资源短缺的矛盾，为榆林地区可持续发展留下了更大的空间。

虽然地处大漠，但锦能对废水的处理毫不含糊。

根据废水的不同水质，他们设计并建成厂区工业废水、化学废水、生活污水、煤水及脱硫废水五大处理系统，实现废水零排放。

虽然地处大漠，但锦能对"愚公移沙"毫不动摇。

一期机组投产后，他们就开始从煤矿吨煤成本中提取0.4元作为环保基金，在厂区周边的20公里范围内栽植林草，养护环境。如今，一簇簇沙柳覆盖着沙漠，夏天的厂区更是花团锦簇，绿草如茵。

锦能通过粉煤灰的综合利用"一举双得"。

2009年3月,他们与地方合资建设标砖生产线和砌块生产线,投产后,年综合利用粉煤灰近20万吨,既实现了粉煤灰的就地转化,减少空气粉尘污染,又扶持了当地企业的发展。

走入锦能,两个高耸入云的烟囱格外引人注目,现场的工人说:"别看它有210多米高,却是一根不会冒烟的烟囱。传统烟囱排出的烟、汽、尘,在这里经过一系列的处理后就只有汽了。"锦能时任总经理张艳亮介绍,按照设计标准,经过脱硫,二氧化硫排放量可减少95%,已经符合国家排放标准,而锦能却要求减少到98%。为降低这3个百分点,无论设备运行费用还是耗电都要相应增加。

使用直接空冷技术、一二期工程全部加装脱硫装置,这使每台机组投资增加2.3亿元,锦能却主动采取这种大投入的做法。建设以来虽遭到不少质疑,但锦能却抱定一个坚定的信念,那就是把项目对自然资源的需求和对生态环境的影响降到最低,以最小的环境代价来实现最大化的经济效益和社会效益。于是,他们一次次将资金的砝码果断地放在了社会责任一边。

"烟囱不排尘、厂房不漏汽、废水不外排、噪声不扰民、灰渣再利用",从建设之日起,锦能就秉承国华电力公司的绿色环保电站理念,追求产业发展与自然资源环境的"一体化",经济效益和社会效益的"一体化",赢得了社会的广泛赞誉。

突　破

2003年年底，60万千瓦火电机组的主、辅机实现了国产化，但是作为其心脏的控制系统DCS（集散控制）技术一直掌握在国际知名企业手中，国内发电企业没有定价权，价格一直居高不下。

中国能源高科技产业一定要发展壮大！一个强烈的声音在大家心底呼唤。

然而，现实并不乐观。作为国内DCS领域最先进技术的代表，当时北京和利时集团的产品主要适用于30万千瓦以下机组，对于锦界这样的60万千瓦机组没有运行案例。

这可不是小改小革，对于"换心脏"的风险大家再清楚不过。

2003年深秋的一个夜晚，在北京，国华电力公司关于国产化的讨论正在激烈地进行。"我们不能因为用了进口设备就免责，不敢坚持国产化同样要追究责任！当年我们在台山实现了卸船机的国产化，今天我们一定要在60万千瓦机组DCS的国产化上实现突破！"

在抉择的关头，国华电力公司时任总经理秦定国一锤定音。

经过充分论证，锦能决定与北京和利时集团、西北电力设计院等6家单位一起"吃螃蟹"。

一系列难题需要破解：60万千瓦机组容量更大，受控制过程的监测变量、控制参数及危险点也更多，对DCS的性能要求也就更高。即使是进口DCS，应用中也在不同程度上存在技术上的薄弱环节。如何采用最优控制策略，达到最佳的控制效果，保证机组的安全、稳定、可靠运行，锦能必须闯关。

前车之覆，后车之鉴。

借鉴已应用工程的经验教训，项目小组地毯式搜索问题。通过对项目的风险分析和评估，确立风险点，然后逐一突破。运行以来，进口设备也会出现的黑屏问题在锦能没有发生过，以往工程中发生的问题在锦能没有重复出现过。

问题＝标准－现象。

充分吸收国际先进技术，不断优化设计方案和控制策略。项目小组以相关的流程、规范及经验为标准和依据，对设计中的每一个环节都进行了全面细致的分析，展开拉网式排查。两年内，前后组织了22次专题研讨会，广泛听取意见，确保不漏掉一个问题，不放过一个疑点。

"战前演习"，防患于未然。

按照电力作业要求，每台机组正式发电前都要进行168小时试运行，锦能紧紧抓住这个机会深度调试，全面检验整个系统，确保万无一失。

提早介入，练就队伍。

打破生产厂家研发、电厂使用的传统模式，锦能大胆采用"产学研用"相结合、控制过程的项目管理思路，从设计、研发到应用全程参与，共同担负终身责任。充分利用社会资源，不断强化自身力量，锦能培养出了一支熟练掌握DCS系统的队伍，形成了坚实的技术保障体系，确保了成果的成功应用。

2007年5月，中国电机工程学会组织专家对锦能60万千瓦机组国产DCS项目进行了评审验收，一致认为该项目总体技术达到国际先进水平，对我国自主知识产权DCS系统在大型发电机组上的广泛应用具有重要的示范意义和推动作用。该项目荣获2007年度中国电力科学技术一等奖。

60万千瓦机组国产DCS的成功应用，大大降低了投资成本及维护费用。相比进口DCS，锦能4台机组直接节省投资成本2300万元。进口DCS因此大幅度降价。

"现有的工程建设必须坚持国产化，我们要从中国经济又好又快发展的高度认识创新的意义。"决策者有胆有识，建设者不屈不挠，锦能人不断迸发出创新热情。

冬天的毛乌素最低气温达零下30多摄氏度，必须解决空冷防冻问题。由于同类型60万千瓦机组曾经出现散热器下联箱结冰问题，经过调研论证，他们最终选用了与防冻流量相匹配的4只防冻蝶阀，调整了启动配合曲线。截至2009年3月，已投产的4台设备从未发生一例冻结现象。德国专家评价，这是空冷技术在高寒地区最成功的应用。

由于采用犁煤器卸煤不彻底，容易划伤输煤皮带，经过试验，锦能选用国产输煤卸料小车解决了问题。两台总造价300万元，比进口输煤卸料小车节约投资800多万元。

改变传统燃油点火方式，锦能首次采用国产等离子点火技术，实现了机组启动零用油。4台机组每年节省柴油近万吨。

锦能与上海汽轮机厂共同研发，首次将60万千瓦机组汽压缸由4缸变为3缸，实现了技术上的重大突破。

合作共赢，荣辱与共。一系列技术创新在锦能的成功，大大提升了合作单位的市场影响力。

北京和利时集团60万千瓦机组DCS订单应接不暇。

空冷技术在高寒地区的成功应用，使西北电力设计院从此坐上了这个领域的头把交椅。

国产输煤卸料小车在业内畅销，国产等离子点火器从此风行。

持续创新、不断突破增强了企业的市场竞争力，为企业的大发展奠定了坚实的基础。

变　阵

锦能通过实践算出了一笔笔经济账、社会账：在锦能，从煤矿生产出的原煤一出井口，就通过带式输送机直接运到电厂原煤仓，而这一段距离不足500米，每发一度电，煤的成本约占0.07元；而到河北，每发一度电，煤的成本就上升到0.16元；在陕北当地，1吨煤产值约为150元，而由煤变电，产值增加到近800元。在锦能，一二期工程4台机组每年把600万吨煤转化成130亿度电，通过432公里的500千伏线路送到河北南网。

如果将这600万吨煤从锦界运到黄骅港，运送距离约800公里，运费按180元/吨计算，每年将增加运费108000万元，再加上运输中的数量损耗和热量损失、路面损失2700万元，费用共计110700万元。如果让这600万吨煤从空中走，通过电能输送仅有2%的线路损失，按1吨煤可发2500度电，电价按0.3268元/度计算，线路损失共计9804

万元。通过变输煤为输电，全年就能节省费用约 10 亿元。

锦能的煤电一体化是中国能源企业的一次全新变阵，它为全行业、全社会做出了一篇减小"分母"、提高能效的大文章。

"循环就是节约，节约就必须优化"，这是锦能人的口头禅。

好钢用在刀刃上，大钱花在关键处。用于国产化、技术创新，再大的投入他们也毫不犹豫，而在其他方面则能省即省。

2003 年冬天，窗外寒风凛冽，滴水成冰。在基建工程无法进行的 3 个月里，锦能与设计院一起全力以赴优化设计方案，将总体造价降低了 1.76 亿元。

煤矿地势要比电厂的地势高出很多，按照原来设计规划，需要将电厂这一大片地回填取平。这一平，就得"平"进去大量资金，锦能人心疼了。他们决定在做好防洪排水设施的同时，因势而建。优化厂区总平面布置，这一下就省去 9000 万，基建的进度也因此加快了。

把厂房由钢结构优化为钢筋混凝土结构，减少投入 4000 多万元。

输煤栈桥由钢结构优化为钢筋混凝土结构，减少投入 300 万元。

地基处理由原来的振冲碎石桩改为碎石垫层，又减少投入 1000 多万元。

厂前区需要回填，锦能人将这个技术含量不高的活儿委托给地方劳务干，这比用专业建筑队节省几千万元。

设计方案的不断改进，不仅挤出了"水分"，而且从源头弥补了工程设计的不足。处处节俭、层层堵漏、聚沙成塔，4台机组总造价比批准概算节约了13.7亿元。

以投资控制为突破口，以优化设计为主动脉，追求机组在生命周期内价值的最大化，锦能进行了大胆的探索。厂房钢筋混凝土结构等多项优化措施被列入整个国华电力公司的施工标准。

"到上游去抓管理，降成本！"建设伊始，锦能就认准了这条路子。

王建斌常说："搞企业要学会算账，就说我们的深度调试吧，看似多花了钱，可是如果前期做不好，投产后停机一天，那个损失可就大了。"

为此，锦能人甘愿扮演原本不属于他们的角色。

电力基建市场的长期高速运转，造成了制造企业订单多、制造周期短、质量风险增加的结果。为确保设备无缺陷进场，锦能提高了监造的深度和广度。从图纸设计、进场检验直到安装完毕，他们全程参与。

不让机组带病上马，不能留下任何隐患。

锦能精心收集同类型机组的缺陷,把消除缺陷贯穿到整个项目建设过程中。在一号机组安装前,他们通过调研先后收集各专业缺陷502项,将其详细汇总分类,每个环节都要明确基建期内的控制重点,真正做到了万无一失。

到上游去抓管理、降成本不仅仅体现在设计优化,重心下移、关口前移、风险预控同样是成本管理的有效手段。

基建生产一体化,基建为生产、生产为经营。锦能通过管理上的不断变革,处处精益求精,实现了生产和基建的无缝对接,确保了机组的安全运行、高效运转。

情　怀

仅仅 4 年时间,锦能就在荒漠上建起了一座气势宏伟的电厂。这颗镶嵌在大漠上的明珠,庄重而不失典雅,现代却又质朴,雄浑中透着精细,豪放中浸着缜密。

煤矿与电厂比肩而立,再不见传统煤矿的煤渣遍地、灰粉飞扬,更没有那些堆积如山的煤矸石。在全封闭的状态下,输送带将煤源源不断地运到电厂原煤仓,顷刻间,乌金就涅槃为电能腾空而去。

我们一直想探究，从创业之初的苦苦寻觅人才，到凝聚成一支优秀团队，出色地完成一二期工程，成为集团优秀人才的培训基地，锦能是怎样走完这一非同寻常的过程的？

我们一直想探究，这支来自五湖四海的队伍，能够甘于留在荒漠，执迷于荒漠，原动力是什么？

"西北一定能成为对国家有战略价值的地区！"多少年来，很多同乡都顺势"孔雀东南飞"了，而王建斌却抱着这个信念坚定地留在了家乡。从1500瓦小机组起步，一路干到60万千瓦机组。"锦能一定要成为对国家有战略意义的企业！"这在王建斌心中比什么都重要。

"1998年，碰巧有个机会到华能大连电厂参观，这一看，可把我们这帮人羡慕死了，什么时候咱也能在这么大的电厂干干？"讲起了当年的经历，锦能几位技术骨干还是那么动情。

把创业激情落实到实际行动中，锦能坚持严字当头，相信勤能补拙，坚信爱拼才会赢。

在锦能，技术人员每晚7点到9点上自习课，几年来雷打不动。专题讲座、互动培训常年进行。每个员工都要写技术日记，每周都要写技术总结。配合项目进程，各部门组织学习，定期考核。即使员工外出培训也不能落下，公司会派专人到当地特设考场。各部门每周都要根据考核排出名次，让后三名来奖励前三名。

"看似不人性的办法，其实很人性，它逼着我们很快就进入了角色，快速成长了起来。"已经走上重要岗位的一批年轻人都有这种感受。

在发电车间，一位值长给我们讲了这样一件事。一年冬天，他接到南方朋友的电话，得知他们经常加班到夜里11点多，这位朋友觉得很不可思议："陕北这个地方还有干到这么晚的？"

真刀真枪练人才，不拘一格用人才，锦能就是这样在陕北这片荒漠上顽强地浇灌出了一片人才绿洲。

"锦能是我们共同的课堂""锦能给我们提供了锤炼队伍的好平台"，说起锦能，来自北京、东北等地的各路电建队伍无不表达敬意。

如此浩繁的工程，没有一声喊到底的通畅执行力，是决然不行的。锦能是如何把各路人马凝聚起来的？

"发挥大团队文化，同舟共济！"在王建斌的眼里，凡是参加建设的各单位、各部门，无论是业主还是雇员，都是一家人。当把各项工程目标锁定后，锦能人就主动从业主转换为服务员。

"锦能创造性地丰富了国华'小业主、大咨询'的内涵，从履行社会责任的高度让参建各方协作共赢"，西北电力设计院这样评价锦能。

"锦能就是这样一个企业,一个有高度社会责任感的企业",北京和利时集团的感悟更深。

把历史使命铸成企业文化,感召每一个建设者,于是,硬性的管理就变成了植根于人心的责任。然后,一道道难关就闯了过来,一个个新纪录就创造了出来。

2008年5月16日,四号机组圆满完成了168小时试运行,标志着4台机组可全部投入商业运营。

考验也不期而至。

因为配合电网线路切改的工作需要,4台机组必须在规定的时间内全部停运。整个厂内失去厂用电源,并要在短时间内全部启动,必须依赖可靠的保安电源和外网电源。如果保安电源不正常、电源不可靠或者操作稍有疏忽,就有可能造成重大设备损坏,产生两个电网瘫痪的重大风险。

生产现场外围单位多、检修项目多、操作任务多、质量要求高,超大的工作量和高风险作业给锦能人带来了异常严峻的考验。经过20天的奋战,有效的风险预控措施和紧急预案确保锦能成功地实现了四机安全停运和"黑启动"。

这就是锦能建设者牢记于心的"后评估"。

作为国家电网直接调度的三家发电企业之一，锦能恪守国华电力公司"更安全、更可靠、更先进、更经济、更规范、更环保，创国际一流水平"的建设宗旨。2009年，他们提出与国际一流企业对标，志在成为本质安全型、质量效益型、科技创新型、资源节约型、和谐发展型的"五型企业"，成为中国最具环保效益和发展能力的新型能源企业。

山不在高，有仙则名。水不在深，有龙则灵。漫漫大漠，幸得锦能。短短4年时间，这里已经陡然巨变。

大漠扬帆，征程万里。锦能人满情豪情地描绘着发展蓝图。

毛乌素为证。

大美宁海湾

多少年了,我依然无比眷恋宁海湾。

那位守岛老人还在吗?

"横山岛静静地注视着对岸的变化。当宁电出落成一片如海市蜃楼般的美景的时候,守岛老人将岸边凉亭前樟树的枝叶修剪去了大半。这样,他就可以凭栏远望那日渐恢宏的景色了。"

樟树更加茂盛了吧?

"深秋的宁海,樟树牵着樟树,几乎毫无间隙地铺满了整个山岭,仿佛走入了一个梦境,完全被温暖所包围。踩着繁美的树叶,每走一步都唱着秋天的歌。"

厂区更美了吧?

"小公园石润水静、野径迂回,韵味十足;大平台观山望海,一览无余,气势恢宏。在跃动与平静之间,在绚丽与平淡之间,在飞舞与飘落之间,你会领悟到他们对工作和生活的用笔各异。"

厂门还是那率意触情的大红色吗?

"倏然间，宁电那大红色又跃然眼前……那是一种温暖的语言，它在无声地告诫自己，一壶好茶是每一片茶叶的共同创造，一艘坚固的船是由很多钢板千锤百炼铸成。"

朗月一如既往地照彻海天吗？

"秋风吹不尽，月圆人已归。明月不是相送，而是相映，映照出相互的光明。"

宁海湾涛声依旧吗？

"黄昏时分，到海边倾听，海的节奏是轻缓的，以无边的浪潮推送过来，又温和而宽容地向后退去。远处传来海鸥的叫声，好别致、美丽的'风格'！"

人是宁海湾最美丽的风景！

风景中，中国电力工业的综合实力越发明晰。

东海强蛟
——神华浙江国华浙能发电有限公司成长报告

大东海翻波涌浪，浩浩荡荡。

当它来到美丽的宁海湾，不由得放慢脚步，凝神期待。

2009年10月14日10时28分，经过168小时连续满负荷试运行，神华浙江国华浙能发电有限公司（简称"宁电"）5号机组顺利投入商业运行。

至此，二期两台百万千瓦机组全部建成投产，一座新兴的现代化电力城崛起于东海之滨。

至此，仅用了7年时间，宁电装机容量达到440万千瓦，跃居全国火电企业前三名，成为神华集团电力板块规模最大的企业。

至此，宁电在环保、基建管理、生产运营等方面再度刷新中国企业新纪录，成为中国火电颇具影响力的企业。2008年，金融危机肆虐全球，国内发电企业大面积亏损，国华电力公司依然实现利润总额31个亿，宁电是最重要的贡献者之一，创造了"神华式"神话。

宋明霞、成树月、宋国兴，《科技日报》2009年12月11日。

回溯昨天，宁电曾历经怎样的跋涉？

探求明天，宁电又将迈出怎样的步伐？

山与海的交响

2002 年，夏。

骄阳似火，整个浙江在酷暑中焦灼地等待。

电灯不亮，课业繁重的孩子只好点起蜡烛；空调不转，汗流浃背的人们无计可施；机器停运，大大小小的企业心急如焚。连续几年大面积限电，浙江经济社会发展受到严重影响。

就是这年，在殷殷的期盼中，宁电应运而生。

国华电力公司坚定地把这副重担交给了"老电力"陈杭君。2002年 6 月，他带领刚刚走到一起的十几位同事开始了艰难的拓荒。

厂址选在临近海港的宁海湾强蛟群岛，岛上茂林修竹，郁郁葱葱。如此美景，宁电人怎么忍心占有原本就稀缺的土地！宁电的种子，只能在岩石和滩涂上萌芽。

水电不通，接近 40℃的高温，即使坐着不动也会汗流浃背，而宁电建设者却以顽强的毅力快速展开蓝图。

低矮的工棚，简陋的设施，置身于荒野，宁电人的决心从来没有动摇过。

浙江经济高速发展，已与世界紧密联系。每周"四停三开"的电荒所造成的损失不亚于一场瘟疫，大家早就憋着一股劲儿想干了！要让家乡尽快摆脱焦虑的阴影，宁电必须快马加鞭！

作为神华集团在华东区域的首个大型电源点，"浙江省五大百亿示范工程"，有多少信任的目光在关注着宁电。如此大规模的建设要想实现又快又好，只有未雨绸缪，只有让企业有机成长！

2002年冬，沉寂了千年的强蛟群岛沸腾了。数千人的施工队伍、几百辆重型机械设备浩浩荡荡地开到海边。爆破声响过，随着推土机的昼夜轰鸣，下月山近700万立方米的土石方，以每天3万立方米的速度，如梯田搬家似的一层层涌进了滩涂。当半个山包与大海融为一体时，总面积33.6万平方米的厂区用地已从山脚延伸到了海边。

2003年11月27日，主厂房第一方混凝土浇筑，基建正式拉开帷幕。

宁电一开篇就显示出它非凡的立意：

工期超短——按照正常建设速度，从前期策划到工程建成，一期4

台60万千瓦机组需要5年时间建成投产，宁电却提出只用3年完成，整整提前了两年；

环保超前——当年，大部分火电项目还处于被动适应国家环保政策的阶段，宁电却主动提出脱硫、脱硝；

煤存室内——当时，电厂的煤都在露天存放，宁电却加大成本建设全封闭储煤罐；

石上种草——开山以后，裸露的岩石用水泥覆盖就可以了，宁电却不惜代价在上面种草，搞生态边坡；

……

能行吗？

值得吗？

至于吗？

担忧、质疑声四起——一期工程高空、交叉作业，水上、水下施工，隧道开挖，爆破作业点多，地质气候条件异常复杂，想缩短工期，谈何容易！

管理体制从头搭建，人员编制极度紧张，施工资源严重紧缺，设备到货经常延迟，要面面俱到地解决这些难题，除非变出三头六臂来！

勘察厂址的过程中，大家结识了对岸横山岛的守岛老人。在那缺电少水、空旷寂寥的小岛上，老人已经独自守护了十几年，坐穷泉壑，心静如水。目睹眼前的秀美山水，想到老人的那份坚持，大家情如潮涌。

"我们首先带来的不是资金，也不是设备，而是国华电力公司极富竞争力的企业理念！"很快，宁电就系统地提出了在工程建设中弘扬"七个倡导"，即倡导团队协作友爱互助的精神、倡导终身学习不断创新的观念、倡导有效竞争双赢共赢的思想、倡导目标第一效率优先的思想、倡导忠诚敬业务实诚信的思想、倡导人人平等受到尊重的思想、倡导自我管理自我约束的思想。

"七个倡导"如冬日暖阳，洒遍了整个工地，极大地调动起各路人马的建设热情，朝着"更安全、更可靠、更先进、更经济、更规范、更环保，创建国际一流火力发电厂"的目标迈进。

真正的责任是走向自己的潜力。

从源头着手，优化设计。一个个亮点工程相继出现：

国内同类机组都是"两机一控"，宁电却独辟蹊径，首家采用"四机一控"；

国内同类电厂都是两台机组共用一根烟囱，宁电却首家采用"四管

集束";

圆形封闭煤厂国内独一无二，占地仅为传统煤场的1/3。运煤系统全程密闭，把损失率降到最低，粉尘污染彻底得到控制；

厂区虽未占用一分耕地，却依然精打细算。灰库就设在厂区附近，既方便又节约。

作为业主，宁电全面主动地参与并掌控建设全过程，在提出9项优化设计和24项精品工程的同时，鼓励建设伙伴创新创优。

以技术创新为手段，以信息管理为平台，以速度、质量、安全、环保、投资控制为目标的优化工作向纵深推进。

战略创新、管理创新、技术创新给宁电带来了前所未有的超越：

工期最短——2006年11月，宁电一期四台机组全面建成投运，仅用了35个月零23天，创造了国内同类电厂超短工期的纪录；

造价最低——宁电一期工程每千瓦造价3510元，建设总资金仅为85亿元，比概算节省了15亿元，当期建设造价最低，投资最省；

环保最优——环保投入达到工程总投资的20%，各类环保指标都远低于国标和欧盟标准，创造了火电建设最高环保水平。四号机组在国产60万千瓦亚临界火电机组中首次同步实施烟气脱硫脱硝，成为中国首个电厂脱硝示范工程；

创新最多——"四机一控"、一年四机投产和海水冷却塔等环保措施被纳入"中国企业新纪录"，"四管集束"烟囱、"四机一控"和"高空观光平台"获得国家新型实用及外观设计专利；

评价最高——首台机组一投产就成为中国电力装机容量突破5亿千瓦的标志性机组。2007年，在中国电力优质工程评比中，宁电一期四台机组以电力行业第一名的成绩获得国家优质工程金奖，填补了7年来电力行业的空白。

2006年9月14日，时任浙江省委书记习近平视察宁电时，高度赞扬宁电在这一轮电源建设过程中率先投产，缓解了浙江省严重缺电的局面，对浙江经济做出了重要贡献。

"这是我见过的国内目前最好的电厂！"2006年5月5日，时任国家发展和改革委员会（以下简称"国家发改委"）副主任张国宝视察宁电，临行前留下这样一句话。不久，宁电惊喜地拿到了国家发改委核准的二期项目批文。

"无论是设计、建设还是管理，宁电都是国内电厂中最好的，如效率再得以提高，完全能与世界一流电厂媲美。"2006年12月28日，时任中国电力部副部长、中国科学技术协会副主席陆延昌视察国华宁海电厂时这样评价。

2007年4月19日，第六届全国安委会在宁电召开，宁电模式引起行业广泛关注。

2006年12月28日，宁电二期工程两台100万千瓦机组开工奠基，神华集团发展史上具有划时代意义的工程拉开帷幕。

站在开篇力作的肩上，宁电注定要种下一颗品质超凡的种子。

低碳经济、节能降耗是世界能源发展的方向，选择高参数、大容量、高效力的发电设备，提高能源利用效率，优化浙江电源结构，举国华之力建宁电二期成了集团坚定的抉择。

目标有多高，人就能走多远。

"高标准开工、高水平建设、高质量投产，创全国百万千瓦机组示范项目"，"三高一创"的目标鞭策着全体建设者。

当时，百万千瓦机组在国内刚刚起步，无论是电厂、设计院、监理还是建设施工单位都缺乏经验，困难之多可想而知。

思考决定方向，魅力源于实力。

从基础设计入手，以安全环保为边界条件，在安全可靠的前提下，创新设计理念，优化设计思想，宁电在国内百万千瓦机组率先提出"五大首创，六大优化"。通过与国内外先进企业对标，寻找差距，解决问题。通过全面创建精品项目，以过程创优实现整体创优。

2009年10月14日，宁电五号机组顺利投入商业运行，神华集团发电装机容量从此突破2000万千瓦，由宁电编写的百万千瓦机组53项技术管理标准成为行业的宝贵财富。

五大首创标新立异：首次采用特大型海水冷却塔循环冷却系统；首次对百万千瓦机组实行脱硫系统国产化设计、脱硝引进技术国内负责设计；首次对百万千瓦机组塔式锅炉采用等离子点火技术；国内首个百万千瓦机组电厂主厂房采用混凝土结构；首次对百万千瓦机组脱硫系统采用现场总线控制技术。

六大优化事半功倍：从主厂房布置到取消电动给水泵组、从圆形煤场设计到全厂地基处理、从等离子点火到四大管壁优化，六大优化的18项专题使工程静态投资减少4.16亿元，比可研收口降低2.9亿元。

速度取决于力量，有为才能有位。

机组投产前必须进行RB及甩负荷试验，一般国内百万千瓦机组至少需要两到三天，通常是边试验边调整。而宁电仅用了不到14小时就高质量地完成了全部试验，开创了国内百万千瓦机组重大试验的先河，又一次检验了宁电的管理能力和调试水平，再次彰显了中国电力工业的实力。

在国内首次将等离子点火技术应用于百万千瓦机组塔式炉，偌大的机组只需一键就能启动。两座高达177米的特大型海水冷却塔成为亚洲之最，使海水二次循环冷却，真正实现了温排水零排放。

两台百万千瓦机组仅隔23天接连投产，再次创造出享誉业界的"宁电速度"。一二期整个厂区占地62.3公顷，创造了同类型机组最集约化的厂区布局。宁电先后被授予国家重点环保技术示范工程、全国水土保护示范工程、浙江省文明单位等荣誉，时任总经理陈杭君荣膺浙江省劳动模范、国家重大基础设施建设风云人物等荣誉称号。

夕阳的余晖洒满海面，天边一艘艘小船徐徐返航。

横空出世的宁电给宁海湾带来了空前的活力。强大的电力让强蛟镇一下子成了不夜城。喝上电厂管道流出来的清凉凉的自来水、走在平展展的柏油路上，品着因电厂而收获的沉甸甸的果实，被高山大海隔绝了千百年的孤岛生出了前所未有的自豪感。美妙的乐章在下月山与大东海间奏响，久久地在宁海湾回荡，在宁电、在每个建设者心中回荡。

水与火的洗礼

横山岛静静地注视着对岸的变化。

当宁电出落成一片壮美景观的时候，守岛老人将岸边凉亭前樟树的枝叶修剪去了大半。这样，他就可以凭栏远望那日渐恢宏的景色了。

2006 年的早春，冰雪压着枝条。

1 月 27 日，根据二号机组试运行期间存在的问题，宁电决定利用电网计划调停的机会对机组进行停机检修。通常，这项工作由主体施工单位完成，业主只负责督查，但是宁电不同，他们决定挑选两位经验丰富的员工亲手检修。

一个重大的设备隐患就在这一执着的转换中被发现了。当两位工作人员对发电机端部漏油部位进行清扫时，发现两个故障点都有一处定子线棒绝缘放电烧损碳化现象。定子线棒有问题属于重大设备隐患，这种问题在机组发电运行时很难发现，如果继续运行，发电机定子绝缘随时都有被击穿的危险。

定子绝缘故障的发现引起了国华电力公司的高度重视，时任总经理秦定国立即成立事故处理领导小组，迅速组织专家赶赴现场。同时，责令系统内所有安装同批次设备的电厂立即开展彻底普查。

上海电气集团反复提示国华电力公司要从基建安装、设备运行环节上查找症结。

夜的宁电，神经如弦般紧绷。宁海湾的星星渐渐淡去，迎着东方鱼肚白的，还是那些穿劳保鞋的人们。

二三月份是用电负荷高峰期，由于二号机组停机检修发现重大缺陷，机组不能按计划起动。原定半个月的小修变成了大修，不仅二号机组失去了发电高峰的黄金季节，后续三台机组的投产时间也可能受到影响，员工情绪一时发生了波动。

不扩大检修，全国电网的安全稳定受到威胁。扩大检修，公司的经济受损。宁电坚定地选择了后者。

有时，舍弃蕴含着更大的能量。

一摞摞实验数据、一次次分析论证，一轮轮谈判，宁电的执着终于令厂家折服了！检修结果显示，是制造工艺问题导致设备故障，必须进一步加强质量工艺控制，满足设备安全质量标准。

随后，双方协力同心，迅速投入技改中。

3月27日，国家电监会向全国各大电网和发电企业发出通知，要求认真普查。与此同时，上海电气集团向国内安装同批次机组的40多家企业发出全面检查函。

作为标志性机组，宁电二号机组把中国发电装机容量带进了5亿千瓦的新阶段。此刻，这个标志性机组再次以不凡的身份，代表神华向国家递交了一份消除重大隐患的社会责任报告。

宁海湾，雪花默然地飘着。走在雪中，聆听那份宁静，感受那强大而又朴素的力量——那隐于生命最深孤寂中的坚持。

发电机定子线棒故障给宁电完成全年工作量带来了巨大的压力。与此同时，随着建设规模的加大，原材料、燃料都在大幅度涨价，成本成了悬在火电企业头上的一把利剑。要有序推进一期机组的相继投产和二期工程的开工建设，探索百万千瓦机组工程建设和管理模式，更多的挑战摆在眼前。

将社会责任转化为实实在在的竞争力，从企业全寿命周期角度出发整合资源，在更大范围内优化，宁电人再次给自己定下基调。

基建是更有效的经营。

国内百万千瓦机组主厂房都是钢结构，宁电首家采用钢筋混凝土结构，加大了施工难度，但节约资金约1500万元。六大优化18项专题，为整个项目投资控制奠定了坚实的基础。

冷却塔建完就通水试验，输煤系统建完不久就上煤。合理调度安排各个系统的开工时间，缩短了资金沉淀期。

在采购二期工程物资前，先对一期库存进行平衡利库，将一期库存物资与二期共享。定期、不定期地盘点库存，对技改后不用的物资与生产厂家协商退货。对长期定点协议供货物资实行零库存管理，与系统内电厂协议，调配物资降低库存。

开启银企合作新模式，资金预算年度、月度、周有效衔接，细化到每一天，如此大的工程，周末存款居然为零。密切跟踪金融市场，科学运用金融衍生工具，一二期工程利息支出较批准概算共节约4.61亿元。

创造精品、拒绝改造是最大的节约。

全面提倡精品项目，超前策划制订各专业的细部工艺样板图集，宁电二期涌现出一大批亮点精品，成为永久性的优秀工程标志。

优化信息系统，实现了工期进度、资源、费用、生产和安全的全方位动态高效管理。

一二期工程机组168小时试运行一结束，财务竣工决算随即完成。通过精细化管理，二期工程批准概算为85亿元，竣工结算为77亿元，再次成为国内同类机组新建工程投资控制的标杆。

宁电一期工程自投产以来，截至2009年8月31日已实现盈利30.58亿元，累计向国家缴纳利税23.75亿元。公司在2008年度跻身宁波工业纳税八强，年均净资产收益率 20.63%。

神华集团给予高度重视。

2008 年 8 月 5 日，神华集团时任董事长赴宁电亲自主持召开成本控制调研会，反复强调"降低成本是企业管理永恒的主题，低成本战略是企业的核心价值观"。

创业内最低成本运营商，将成本控制理念固化为员工的自发行为，全员预算管理已成为宁电的企业文化。

创造性地建设，别开生面的发展。

2007 年 8 月 24 日，宁电召开第一次党员代表大会，公司党委郑重宣布：积极实践特大型管控模式，全面推进"五型企业"建设，创建中国电力示范性电厂。

特大型管控模式就是在公司的组织框架内，分设 A 厂、B 厂等几个生产分厂，形成一个利润中心、多个成本中心和安全责任中心。走专业化管理道路，减少管理跨度，建立生产、基建、经营无缝对接的组织架构，实现生产、效益、资源的最优组合。

风雨坚定了最初的梦想，岁月丰富了漫长的坚持。

用特大型管控模式来组织基建、生产和经营，利用三到五年时间，把宁电建设成中国电力示范性电厂，一个更宏伟的蓝图、一个更高远的目标展现在眼前。

正当百万千瓦机组施工现场捷报频传，一个个重大节点提前完成之际，作为配套的送出工程建设却无法按期开工。2008年年初那场突如其来的冰雪冻灾提醒宁电，即使是气候温和的江南也会与寒流邂逅。要扼住灾难的咽喉，必须提高设计标准、增加塔基数量、优化导线材料，将所有新建送出线路的设计图纸进行变更，这一变更就花了5个多月。

屋漏偏逢连夜雨，正在建设的苍岩变电站告急！因采石爆破技术无法达到施工要求，加上二次征地出现困难，施工进度一再拖延。如送出受阻就意味着二期机组无法并网送电，要被闲置半年！

十万火急！解决送出线路和二期项目进展同样刻不容缓。宁电迅速成立了协调小组，分头开始紧急斡旋。3个月里，宁电人的足迹遍布了与送出线路有关的每一个地方、每一个部门。

精诚所至，一个厂网合作、携手同心的事迹在江浙大地广为传播：宁电摒弃了以往仅靠施工单位的做法，政府部门、电网公司、宁电共同参与，保证了线路施工与政策处理同步进行。与施工单位甘苦与共、风雨同舟，克服了线路长、地质复杂、梅雨季节等重重困难，施工进度大大加快。

2009年6月25日，宁电六号机组顺利完成吹管，即将整套启动，而远在百公里外的苍岩变电站也顺利投运，宁电百万千瓦机组的外部送出大通道终于全线贯通！

脚力只有在行走中才能增强，生命的尊严只有在烈火中才能炼就。承受了无数淬砺和风险后，在宁电人心中，又多了一份光荣和梦想。

心与智的升华

机会是一种视野。

风雨兼程、迅速成长的7年，宁电领导班子无时不在叩问自己。

超越与突破、创新与坚守的7年，从神华集团到国华电力公司再到宁电，激烈的思考和碰撞一直在进行——火电占中国电力结构的70%，是不是可以减少对环境的影响，成为清洁能源？

宁电和兄弟企业的实践给出了坚定的答案。

火电以粗放增长、高耗能被视为夕阳工业，是不是可以转变增长方式，实现资源节约？

在不断的探索中，宁电找到了切实的方法。

随着装机规模的扩大，电力市场即将进入品牌竞争时代。提高我国综合竞争能力，用品牌引领产业结构的调整，是中国电力企业必须承担的历史使命！

对整个行业的理性思考成就了集团上下的集体视野。

关注大画面，从大势入手，主动塑造未来，宁电坚定了要走立足成本优势、超越成本优势的价值创新之路。

锁定大画面，从最终目标回望，认真思考战略，宁电获得了前进路线图。于是，一贯低调的他们高高地唱响了"创建中国电力示范性电厂"的主题曲。

从强如流。

从小笔小墨到挥毫泼墨，从默默无闻到业界知名，宁电每年接待前来参观、学习的有上万人。他们从审视外在形象到寻找内在力量，对宁电发展奇迹的叩问越来越集中到世界观和价值观上来。

眼前，这幅神气四溢的巨幅画卷就是宁电了。

若不是身后那6台气势雄伟的机组做背景，单看那极其夸张的大红色几何形门楼，谁会以为到了电厂！

在这里，有太多的非传统标签。员工宿舍色彩斑斓、形态各异；办公楼不再是四四方方的，也能率意触情，随意发挥……

在这里，一撇一点，一勾一折，皆有画意。小公园石润水静、野径迂回，韵味十足；大平台观山望海，一览无余，气势恢宏。在跃动与平静之间，在绚丽与平淡之间，在飞舞与飘落之间，你会领悟到他们对工作和生活的用笔各异。

在这里，还可以发现太多"异类"。看不到常见的文化标语，更见不到常规的管理口号。

即使在最紧张的基建期，一年4台机组投产，只要没有特殊情况，每周都能休息一天。机组进入生产阶段，公司明确表示不鼓励疲劳工作，甚至实施强制性带薪休假。

我们惊诧于宁电如此宽松仁爱的管理，疑惑地问时任总经理陈杭君："一改传统的大干快上，用'和风细雨'的方式建一流电厂，有秘诀吗？"

陈总顿了一下："秘诀？那就是让每个人成为自己的发动机。"

我们再追问："要是一个团队总在加班呢？"

陈总不假思索道："除了特殊时期、特殊情况，那就是程序有问题、效率有问题。"

"处罚？那是负激励，可别把人的素质管低了"，说起考核，温文尔雅的A厂厂长陈治龙情绪有点激动。

"充分放权，按规矩办事，在可控的范围内当个明白人"，论及领导，性格直率的B厂厂长闫子政一语破的。

"到了这个岗位，就认为你称职"，谈起信任，看起来书生气十足的工程部经理黄叶明直截了当。

通过员工看"异类"会更加真实。

"领导？你一件事没干好，他就从另一方面鼓励，你就不好意思，非得把这件事干好。""批评？每个人都有荣誉感，不受表扬就有些挂不住了。"

"开会？大家说得最多，领导说得少。谁有不同意见就举手，意见不统一就缓一缓。"

黄昏时分，到海边倾听，海的节奏是轻缓的，以无边的浪潮推送过来，又温和而宽容地向后退去。远处传来海鸥的叫声，好别致、美丽的"风格"！

"在我们企业里，不一定当干部、当领导才算人才，只要有专长又兢兢业业工作就是人才。我们致力于培养综合性管理专家、专业技术带头人、生产技术能手"。宁电给优秀员工发放专家补贴，在全国还很少见。

走专业路线，从战略高度抓专业细节，让人才直达着力点。

首创"导师制"，让年轻人快速成长，脱颖而出。

给员工减负，张弛有度，保持高效的工作状态。

各司其职，有条不紊，行云流水般地开展工作。

海潮随风打着岩岸，一波一波，哗哗而起，沙沙而退。闭着眼，听那海潮，感觉与心海的节奏相应了。

于是，习惯就被打破，路径就被改变，标准就被刷新：

4台亚临界机组煤耗从2006年的328.55克到2009年的316.9克，煤耗在以每年3~5克煤的速度下降；

一条通用类物资A、B厂公用的建议，每年可减少物资占用的资金约3500万元，节约资金利息上百万元；

一条降低磨煤机石子煤排放率和设备定修的建议，每年可减少企业生产成本约600万元；

以往安装一台锅炉少则领取几十吨，多则上百吨新钢板，安装完三号锅炉，后续的两台居然没再从仓库领一块，谜底就是废物利用！

秋风吹不尽，月圆人已归。明月不是相送，而是相映，映照出相互的光明。

深秋的宁海，樟树牵着樟树，几乎毫无间隙地铺满了整个山岭，仿佛走入了一个梦境，完全被温暖包围。踩着华美的树叶，每走一步都唱着秋天的歌。

倏然间，宁电那大红色又跃然眼前。

那是一种温暖的语言，它在无声地告诫自己，一壶好茶是每一片茶叶的共同创造，一艘坚固的船是由很多钢板千锤百炼铸成的。

那是一种有力的唤醒，它唤起企业去挑战产业现有功能与情感导向，发出以人为本的价值宣言。

那是一种勇敢的担当，它昭示中国企业需要内敛的自信，更需要毫不掩饰的雄心勃勃。

东海潮涌，蛟龙待飞。

英雄电厂,你从未走远

国华北京热电厂的前身为北京第一热电厂。北京第一热电厂成立于1958年,是国家一五期间的重点工程,开创了首都供电供热的先河。至今业内还习惯称国华北京热电厂为"一热"。

从人民日报南门骑车到"一热"西门不超过5分钟,我曾是常客。

"一热"曾经很冷。

1999年,我初识"一热",正是他们最艰难的岁月。从开创首都热电事业先河的英雄电厂,到负债过亿元、环保利剑高悬的高危企业,"一热"老了,观念、设备、人员、机制都老了。

痛下决心,引进世界上最先进的"安健环"管理体系,改变机制、更新设备、创新管理,十年磨一剑,精益管理让"一热"重生。

我目睹了这个变化。

清晰地记得一个场景:2008年大年初一是李师傅退休前的最后一个工作日,踏着下班的铃声,热电领导手捧鲜花来到他面前,尊敬地献花,深情地祝福。李师傅捧着鲜花,触摸着熟悉的机器,多少个生日,他都是在厂里度过的……

蜕变就源自这样一批人。

"一热"后来很热。

2008年春节长假后的第一个工作日,瑞雪飘飘,热电分公司和国华杰地公司领导早早地守候在大门口,迎接上班的员工,这已是多年的老规矩了。那年,大家收到的礼物是一本精美的书,听到的祝福是"让每个人心中有个太阳!"

依然记得,在"一热"听"咱们工人有力量"合唱的场景,忍不住抹眼泪。

2013年1月,"一热"服从大局,从朝阳区寸土寸金的CBD核心区整体外迁,老厂址已成为"博物馆"。

经过蜕变新生,如今"一热"成为国内第一个无人值守、一键启动、环保和经济指标领先、综合实力最强的城市热电厂,继续传承为首都发电供热的光荣使命。

英雄电厂,你从未走远。

国华热电：一个优秀品牌的 50 年修炼

在中国电业发展史上，国华北京热电厂地位独特。

1958 年，作为国家"一五"期间的重点工程，国华北京热电厂的前身——北京第一热电厂正式投产，开创了首都热电事业的先河。时至 2008 年 9 月 20 日，这个位于长安街沿线，距天安门广场仅 7 公里的热电企业已经走过了 50 年的风雨历程。

从创业发展、成长壮大到变革崛起，它如今展现给人们的是一个朝气蓬勃的现代化企业，一个具有强大竞争力的国有企业，一个蕴藏着丰富内涵的优秀品牌。

承载使命，首都意识高于一切

几十年前，北京东郊八王坟还是一片荒凉的土地。

1958 年 9 月 20 日，北京第一热电厂第一台汽轮发电机组正式投产。它担负着为国家机关、部委、使馆区、外交公寓和居民住宅区供热，为北京东部地区提供工业抽汽及供电的任务。当年，周恩来总理亲自

宋明霞、李毅军，人民日报《市场报》2008 年 9 月 24 日第 12 版。

下达指示："热电厂一秒钟也不能停止生产"。

遵照周总理的指示精神，第一代热电人用"一人辛苦，万家幸福"的热电精神，为社会源源不断地提供电能和热能，确保了一次又一次国内、国际重大活动的供电、供热。艰苦奋斗、自强不息、无私奉献、服务首都、一切为了首都的政治经济安全，首都意识已经融化在热电人的血液里，铸造成热电的光荣传统，责任、奉献、成长的热电精神激励着一代又一代热电人，也成就了一代又一代热电人。

建厂初期，第一代热电人就是抱着这种坚定的信念创造出了一个个奇迹。

1960年，热电厂准备安装全国第一台超高温高压锅炉设备，这时，苏联政府单方面撕毁合同，撤走专家，关键图纸资料被带走，尚未供应的设备和材料停止了供应。一无图纸资料、二无经验，在巨大的困难面前，热电人用志气、智慧，通力协作，终于让工程起死回生。

从此，热电事业不断发展壮大。经过5期建设，到1976年，热电厂成为具有相当规模的热电联产企业，成为首都重要的电源热源支撑点。

在热电发展的历程中，党中央、国务院给予了巨大的关怀和鼓舞。三代党和国家领导人都曾亲临视察、慰问，激励了一代又一代热电人。

从"一人辛苦，万家幸福"，到"艰苦奋斗、自强不息、无私奉献、服务首都"，到"创一流水平，为首都奉献光和热"，再到"清洁能源，服务首都"，这是不同时期热电人的写照。纵然岁月流转、时代变迁，热电人的首都意识始终没有变，首都意识高于一切。

十年一剑，拥抱变革重新崛起

时至1998年，北京第一热电厂已经为首都供电、供热整整40年了。

40年来，汽轮发电机组投入运行平均累计达到25万小时以上，远远超过设计的10万小时标准，热电厂的设备已经逐步老化。

1999年5月，随着国家电力系统改革，北京第一热电厂全部资产有偿转让给北京国华电力有限责任公司，同年6月更名为国华北京热电厂。2001年1月改制为北京国华电力公司热电分公司，同年6月成为国华与香港中华电力公司合资后的全资子公司——中电国华电力股份有限公司北京热电分公司（以下简称"北京热电分公司"）。

1999年，刚刚成立的国华北京热电厂是个负债上亿元的计划经济企业，危机重重。

进入 2001 年，形势更加严峻，由于环保不达标，被国家环保局勒令停产。

曾经的英雄电厂如今怎么了？热电人开始反省自己，猛然间，他们发现自己"老"了！观念老了、设备老了、人员老了、机制老了！

痛定思痛，热电人明白，要想由"老"变"少"，由"负"变"正"，唯一的出路就是向老鹰学习，磕掉厚重的长喙，拔掉沉重的羽毛，来一次彻底的蜕变。

多年来，电力行业的垄断性质给员工带来了优越感，虽然企业危机四伏，可是个人的生存压力远不及企业那么大。直面改革，他们的苦涩可以想见。

"2003 年我们经历了前所未有的困难"，北京热电分公司时任总经理许建华这样形容当时的境况。

"只要方向正确，就要勇敢地去承受过程！"面对复杂的局面，热电领导始终抱着坚定的信念。

把企业的生存挑战、经营风险传递给每一个基层员工，唤起每个人心中强烈的责任感、使命感。在国华电力公司党委的领导下，他们提出二次创业、走出危机，坚定地推行全员竞争上岗。1999 年热电在职职工 1869 人，从 2000 年到 2008 年，参加岗位竞争的员工超过了

2000 人次。

"我是一名 30 年工龄的热电老员工,我经历的最大变化就是热电厂改制后的这几年,没了老国企时代的优越感,多了一些忧患意识和竞争意识,更多了一份责任感。"这些话讲出了历经变革洗礼之后热电人的真切感受。

观念的转变有力地推动了体制变革。

2001 年 7 月,北京热电分公司进行机构重组,发电主业与检修、实业分业经营。北京力源检修工程公司热电分公司成立,实现了检修与运行的剥离;2003 年,再次整合实业总公司,组建了北京国华杰地动力技术服务有限公司,实现了发电与辅业、多经分业经营的格局。上岗靠竞争,下岗再培训,培训再竞争;晋升靠业绩,干部能上能下,员工能聘能解。热电人对岗位和地位有了全新的理解,学习、竞争的氛围浓了,对竞争来的岗位珍惜了,人均贡献率增加了,企业的综合竞争力提高了。

生存问题要用发展的眼光去解决。

2000 年因环保不达标而停产,这是热电人心中永远的痛,他们因此在环保治理方面狠下功夫。2002 年,北京热电分公司开始引进国际上最先进的 NOSA 五星"安、健、环"管理体系。从引进那天起,就把目标锁定在五星级,仅仅用了3年时间就达到了五星级标准,超出了上级国华电力公司要求的三星级标准,创造了业界的一个奇迹。

NOSA五星"安、健、环"管理体系的成功引进让热电人认识到了精益化管理的巨大价值。几年来,企业自建管理标准67个,涵盖了公司内部的各部门、各岗位。深入开发标准、坚决执行标准、不断提升标准,确保了管理的高品质和高效能。

从2004年起,他们着手整合ISO14001环境管理体系、NOSA管理体系和发电管理系统,统一程序文件与各种标准,同时把环境管理纳入内审工作中,实现了全程监控。2007年4月,首次实现了设备安全运行1000天,安全生产再次提升到了一个新高度。

到2005年,北京热电分公司的各种污染排放指标已经全部优于国家标准,脱硫、脱氮、噪声、废水、废料处理等多项达到国内同行业第一:国内第一家火电企业环保投资接近总资产的20%;国内第一家全部机组安装脱硫装置的热电联产企业;国内第一家建设脱硫石膏制板厂,实现了灰渣再利用;国内第一家厂界噪声达到国家二类标准的城市电厂;国内已投产电厂中第一家投资建设脱氮项目的企业。

2005年10月,北京热电分公司顺利通过了国家环境保护总局的验收和公示,被授予"国家环境友好企业"称号,成为国内首家获得这项荣誉称号的电力企业。2007年,在国家环境保护总局公布的环境治理重点监控企业名单中，北京热电分公司成为在京电厂中唯一免予监控的企业，同时也是国华电力公司所有运营电厂中唯一免予监控的企业。2008年，北京热电分公司被奥组委确定为向世界展示中国企业环保成就的定点单位。

与此同时，北京热电分公司立足于首都电厂的区位优势，制订并实施开放的环保战略，在电监会、国华电力公司的指导下，开始"一馆一线"建设——承建国家电力科技展示中心，展示我国电力工业发展历程；加大厂区绿化美化力度，规划旅游线路对社会开放。2006年被评为"北京工农业旅游示范点"，荣膺"2006年度中国电力行业十大最具社会责任感企业"。2008年被北京市科委和科协认定为"北京市科普教育基地"。

开放为北京热电分公司打开了融入社会的一扇窗，促进了各方面工作的提升。时任北京热电分公司总经理许建华这样总结：开放是一种态度，一种胆略，一种能力。不开放，竞争意识就差，进步就慢；不开放，就不知道什么是一流，怎样干到一流。

生存是底线，发展是目标。经历了脱胎换骨的变革，北京热电分公司赢得了快速发展。从惧怕变革到接受变革、拥抱变革，由事故频发到长周期安全运行，从被动治理环境到主动承担社会责任，从封闭式管理到开放式现代化企业，由亏损企业到全面盈利，五大转变让热电重新崛起。十年磨一剑,热电走过的正是传统企业迈向现代化的必由之路。它对热电的生存具有长远意义,为热电的发展带来无限动力,是这一代热电人的骄傲。

众志成城,创建伟大的品牌

2008年夏天,北京热电分公司又迎来了他们的老邻居——延静里社区的25位老人。从2005年起,这些见证了热电50年发展历程的老人们每年都惦记着回来看看。乘车走在花园般的厂区里,个个兴奋得像孩子。临别了,还不忘提提意见。

红庙社区的居民们来了,培新小学的孩子们来了,清华大学的学子们来了……

热电厂成了北京一道亮丽的风景。

德国议会代表团、日本节能技术交流会实地考察,17个国家22位驻华科技外交官莅临参观、现场办公,他们都对热电特别是环保品质给予了高度评价。

北京市人大代表这样评价:"你们创建城市绿色电厂,是献给首都人民的最好礼物。"

安全生产规范稳定,经济指标业内领先,环保品质堪称一流,一个优秀的热电品牌形象在人们心中树起来了。

进入2007年,热电拉开了第二个五年计划的宏伟蓝图,目标就是建成国际一流的节约型、环保型、开放型城市电厂,成为具有更大的价值创造力和可持续发展力的国际品牌,实现管理水平、盈利能力、人员素质、企业形象的全面提升。

创建伟大的品牌,伟在目标,大在胸怀。

北京热电分公司时任总经理许建华用一个字来概括实现目标的路径——"和"!

对于"和",许建华有自己的理解——"和"是认识世界、改造自我、身体力行、回报家庭和社会的综合行为。"和"的本质是心和,是内心的修炼;是儒家所倡导的自强不息、厚德载物;是道家所推崇的无为无不为、育养万物;是对人的尊重,对不同的接纳;是对人类共同智慧的信任和汲取。心和的根本是价值取向,是义无反顾地承担社会、企业大家庭中应承担的互育责任,是理顺人心的方向,提升人心的力量。这是热电的大根基、大系统。

从2003年开始,北京热电分公司就把和谐管理作为二次创业的战略举措。

在企业内部，他们找到了深耕人心这个制高点。在企业2007年的工作报告中明确提出："建设快乐团队，追求卓越，保持乐观向上的心态，让真正的快乐与热电同行！"

2008年春节长假后的第一个工作日，瑞雪飘飘，热电分公司和国华杰地公司领导早早地守候在大门口，迎接上班的员工，这已是多年的老规矩了。这年，大家收到的礼物是一本精美的书，听到的祝福是"让每个人心中有个太阳！"

热电以实际行动温暖着每一位员工。

2008年大年初一是李师傅退休前的最后一个工作日，踏着下班的铃声，热电领导手捧鲜花来到他面前，尊敬地献花，深情地祝福。捧着鲜花，触摸着熟悉的机器，他仿佛看到了生日里那一张张笑脸，那一束束鲜花。多少个生日，他都是在厂里度过的……

企业为每位员工过生日，为每位员工安排定期体检；员工每年最少外出旅游一次，生活水平逐年提高……每年要为员工办10件实事，成了热电的硬性规定。

北京热电分公司给予员工的不仅仅是生活上的关心和尊重，更多的是事业上的理解和支持。根据人员年龄及能力，热电培训工作从三方面着手，确保既有解决安全生产难题的技术人才，又有多岗位兼容的复合型人才，还有在本职岗位实践经验丰富的专长人才。阶梯式技术队伍成为保证安全生产的核心力量。

为进一步激励员工的学习热情，推进素质建设工程，北京热电分公司制订了高级工、厂级专业技术带头人、职业经理人3支人才队伍培养目标和计划，建立起配套的激励约束机制。从实际出发培训人才，从战略高度组合人才，用市场机制选拔人才，珍惜每一位员工，尊重每一位员工，鼓励每一位员工，激发他们的创造性，让他们分享企业发展带来的喜悦与收获。热电抓住了人心的根，事业的花就自然地开了。

"午饭当晚饭，晚饭当夜宵"，热电人经常这样调侃自己，在他们心中，活儿比天大。

第一次实现了自主大修，设备运行利用小时达到年平均8000小时以上，机组等效可用系数大于90%……是员工的责任心筑起了企业抵御风险的防火墙。

一篇发表在《热电报》上题为《老谢》的小短文质朴而有力："燃化部老谢作为优秀员工去境外旅游，公平、公正。大家不但心服口服，而且从中明白了一个道理——干好工作不吃亏，干就干一流，争就争第一，只有这样才有前途。"这是热电基层员工的心声。

看企业的未来就是要看它的员工在人性方面的历练,就是要看它的氛围、精神。

价值取向上求"和",落实标准上求"和",长远利益上求"和",用"心和"带动"行和",从"外和"到"内和",热电分公司正在从经验管理、科学管理迈向文化管理,全员价值观不断升华,实现了与社会、与环境、与客户、与股东和与员工的和谐愿景。

几十年创业铸就热电精神,变革求新瞄准国际一流。走过几十年风雨历程,热电人已经踏上了创建国际品牌的漫漫征程;走过几十年风雨历程,热电人更加众志成城、昂扬坚定。

一个城市电厂的和谐实践
——国华北京热电分公司改进管理纪实

2008年是国华北京热电分公司具有标志性意义的一年。

这一年,作为新中国在首都建设的第一家高温高压热电联产企业、国家"一五"期间重点工程,热电已经走过了50年的风雨历程,为首都建设和发展做出了历史性贡献;作为首都主要的热源和电源支撑点,热电成功地实现了二次创业,肩负起行业的社会责任,成长为电力企业的优秀品牌;作为东长安街CBD中心区的城市电厂,热电实现了企业与社会、环境多方面的和谐发展。

国华北京热电分公司在半个世纪的发展历程中,曾谱写过电力发展史的辉煌,也曾经历从老国企到重组为合资企业的嬗变。2003年彻底完成机构改革,初步建立了现代企业制度,企业从年亏损上亿元,靠国家补贴生存的计划经济体制,走向了自负盈亏的市场经济体制。此时领导班子清醒地认识到即将遇到的新问题,从城市电厂的内外部形势分析入手,提出和谐管理是企业二次创业的推进器,以安全、环保、效益、责任作为核心内涵,确立了用三到五年的时间建成环保、

宋明霞、吕竞,《人民日报》2008年9月20日第7版。

节约、开放的城市一流绿色电厂的企业愿景。

和谐管理的关键在于过程控制。从环境分析到主题确立、能动演化战略、保障支持系统、结果闭环控制，热电建立起严密的优化控制闭环管理体系，围绕城市电站运营管理的和谐主题，以计划管理为龙头，以物资管理、设备管理系统为生产流通领域的主要管理手段，以财务管理为产出结果，以内控管理和信息化管理为过程控制，实现管理支持体系的有效运转。为保证体系运转的过程控制，热电以世界先进的电子平台为依托，实现了发布、执行、检查、评价一体化和闭环管理，保证了制度执行的有效性。

企业与社会更和谐了。2007年热电被国家旅游局授予"全国工业旅游示范点"称号，2008年被奥组委确定为向世界展示中国企业环保成就的定点单位。热电建设的国家电力科技展示中心填补了国内电力科普基地的空白，截至2008年，已累计接待参观者上万人次。2008年被北京市科学技术委员会和科学技术协会确认为"北京市科普教育基地"。

企业与环境更和谐了。2005年，热电被国家环境保护总局授予电力行业首个"国家环境友好企业"称号；2007年，热电成为在京电厂中唯一免予国家环境保护总局重点监控的企业；2008年，热电率先实现环保指标实时上传，以明显的环保优势领跑同行。

企业与客户更和谐了。2006年、2007年热电连续两年获得"全国电力用户满意企业称号",时任总经理许建华作为全国发电企业唯一的候选人获得了全国用户满意最高奖——"全国用户满意杰出管理者"荣誉称号。

企业与股东更和谐了。热电供电煤耗连续3年保持国内20万千瓦机组领先,是国华电力系统内唯一连续3年保持S级企业绩效的企业。

企业与员工更和谐了。具有热电特色的5个文化体系建设获得了全国电力企业管理现代化创新成果二等奖。

国华北京热电分公司5年来坚定不移地实施和谐管理,实现了企业的五大突破——从生产基本稳定到长周期安全运行的突破,从环境治理到初建生态文明的突破,从扭亏为盈到全面盈利的突破,从单纯依靠技术支持到自主创新的突破,从封闭式管理到开放式高标准城市环保电厂的突破。开创性的实践揭开了城市电厂和谐发展的新篇章。

走共生共赢的国际化之路
——国家能源集团国华电力"一带一路"实践观察

不确定的是环境，确定的是自己。

疫情蔓延，全球化趋势逆转，中国企业在国际化道路上充满了不确定性。国家能源集团旗下的国华电力公司走与印尼共生共赢的国际化发展之路，其18年来的成长逻辑颇具思辨性和方向性。

2020年9月25日，印尼爪哇7号项目全面竣工，这是中国企业投资建设的单机容量最大、拥有自主知识产权的火电机组，也是印尼电力史上单机容量最大、参数最高、技术最先进、指标最优的高效环保型电站，国家能源集团在"海上丝绸之路"首倡之地印尼再创新高。

从痛点到基点，鲜明的价值投资观

作为行业瞩目的新型独立发电商，如果只在可认知的环境下增长，本身就是一种危机。早在2002年9月，国华电力公司代表集团参加首届中-印尼能源论坛，就决定下南洋，走进东盟最具潜能的经济体——印尼。

宋明霞、陈宏，《国资报告》2020年9月第69期。

印尼的优势和短板都很明显。

印尼处在连通太平洋和印度洋的重要战略位置，其区位、人口、市场、资源优势独特，蕴含着巨大的潜能，但严重短缺的电力供应制约着发展。

2005年，印尼全国仅有60%的区域有电，且通电区域内停电时有发生。2006年7月，印尼国家电力公司启动了"快速通道项目"，拟用"交钥匙工程"建设40座燃煤电站。一些中资企业以短工期、低报价拿下首批项目90%的份额。其后，所有项目均超期投产，最快的机组也超期半年，已投产的机组带不满、意外停机多、效益差。中国建造质量成了印尼之痛。

从利他出发。

"比起总承包模式，将技术、资金、人才、管理、运营全方位融合，全方位合作有更好的合作氛围与政策背景。"在国华电力公司董事长宋畅看来，把共生价值作为基本选择，全过程创造价值，长期投入、彻底融入印尼，正是国华电力公司国际化的战略基点。

2008年3月，神华国华（印尼）南苏发电有限公司（以下简称"国华南苏电厂"）成立，项目选址在电力供应紧张的南苏门答腊岛，由国家能源集团所属子公司中国神华能源股份有限公司出资70%控股，与印尼一家私人企业合作筹建两台150MW机组，授权国华电力公司负责建设运营。

"赤道的阳光那么明媚，而我们却在月光下的沼泽地跋涉。"国华南苏电厂董事长富跃龙回顾电厂的建设历程。

恶劣的自然环境，复杂的社会环境，因误解引发的冲突、纠纷甚至暴力威胁，初到印尼，国华建设者面临的是前所未有的压力与挑战。仅全水分高达55%~65%、发热量只有1800大卡的劣质褐煤发电一项，就足以让人望而却步。

毕其功于一役。

国华电力公司最终用技术穿透资源屏障，成功应用煤干燥技术大幅提高了原煤品质，彻底解决了粉尘、着火、堵煤、出力不足等瓶颈问题，开创了劣质褐煤干燥发电的国际先河，为印尼储量丰富的褐煤转化成清洁、优质、经济的电能，为煤电一体化发展打下了坚实基础。

"这是印尼第一个真正使用劣质褐煤的独立电力运营商，他们有着专业化的管理系统，我必须表达真挚的谢意……"2010年10月6日，时任印尼国家电力公司总裁余世甘在印尼报纸上撰文致谢国华电力公司。

2011年11月，国华南苏电厂投产，其中1号机组工期仅24个月，较约定工期提前了12个月。机组投产后安全稳定运行，已实现连续

8年无非停,创造了在印尼的中国机组投产后连续运行最长周期记录。生产安全成就电网安全,稳定可靠的电力已经成为苏门答腊岛生产生活的一部分。

小机组,大示范。

国华南苏电厂以基建期的9项"印尼第一"和运营期的长周期安全稳定运行,获印尼安全健康环保金色证书和最佳IPP(独立发电运营商)电厂等印尼电力最高荣誉。印尼能源委员会将其列为示范工程,并向中国大使馆提出以此为标准推荐进入印尼的电力队伍。

危难时刻显身手。

2020年3月,印尼疫情逐步蔓延,周边南苏5号项目机组检修、邦加萨利电厂1号机组故障检修、楠榜部分水电机组调峰运行,南苏门答腊岛电力供应先于疫情告急。国华南苏电厂主动调整检修工期,基本维持满负荷全天候运行,给南苏门答腊岛抗疫提供了坚强的电力支撑。

国华南苏电厂成为一个历史转折点,它搅动了印尼电力市场,颠覆了印尼社会的原有认知,以价值创造突显中国企业实力,重塑了中国电力企业的国际形象。

植根赤道，站在更好的机遇点上

技术进步与市场成长的速度相辅相成。

早在2008年，随着国华南苏电厂的开工，国华电力公司提出"印尼最优、世界一流"的建设目标。2014年10月，印尼提出中等强国、全球海洋支点等发展战略，与我国提出的"一带一路"倡议高度契合。国家能源集团进一步明确战略定位，把印尼定位为向国际推广燃煤发电先进技术基点，做中国和印尼的文化交流平台、国际化人才培养的摇篮、东盟合作的示范窗口。

2015年12月，在激烈的国际竞争中，国华电力公司以技术、环保、价格等综合优势相继中标印尼南苏1号、爪哇7号两个项目。至此，国家能源集团国华印尼项目矩阵落地印尼经济中心。

爪哇7号项目是中国在海外控股的最大规模清洁煤电项目，总投资18.83亿美元，总装机容量2×1050MW。由国家能源集团所属子公司中国神华能源股份有限公司与印尼国家电力公司所属子公司PJBI按照7:3的出资比例，共同组建神华国华（印尼）爪哇发电有限公司（以下简称"印尼爪哇电厂"），并授权国华电力公司全面管控、组织实施。

印尼总统佐科出席开工典礼，爪哇7号项目承载重托。如何又快、又好、又经济地推动建设，项目一启示，就成为印尼社会关注的焦点。

资金链提前闭环。爪哇7号项目合同生效半年就完成融资，一年半全部到位，在印尼全国独立发电运营商（IPP）电力项目中尚属首次，创国际最高水平。

供应链快速响应。爪哇7号项目合同生效1个月后即签订设备技术协议，保障主机等关键设备按期到位。

产业链协同整合。抓住中国标准这个"牛鼻子"，沿着采纳中国标准、展开中国设计、采购中国装备、运用中国管理的行动路线，整体协调、系统作战，最终呈现中国质量。

机组连续运行超纪录。2019年12月13日，爪哇7号项目1号机组提前4个月投产发电，投产以来，主要经济技术指标均达到或优于设计值，主要环保指标大幅优于当地排放标准。截至2020年10月13日，已连续安全稳定高负荷运行300天，创集团百万千瓦火电机组投产后连续运行新纪录。

疫情未能阻挡项目进程。正值全球新冠肺炎疫情形势非常严峻时期，国家能源集团统筹协调各参建单位，科学动态调整防疫策略，先后组织20个批次202名中方人员返岗复工，整套启动爪哇7号项目2号机组调试工作，2020年9月23日，2号机组完成168小时试运，爪哇7号项目全面竣工。

印尼电力行业这样评价爪哇7号项目：印尼电力建设史上装机容量最大、参数最高、技术最先进、指标最优的高效环保型电站；印尼100万千瓦建设史上最快的电厂；印尼电力行业设计年利用小时数最高的燃煤发电机组（7553小时）；创下多个百万千瓦级火电机组世界之最——拥有目前世界上体积最大的褐煤锅炉、最大容量的发电机、最大容量的三相一体变压器……

整体工程造价受控制，尚有结余。而中爪哇省由日资企业在建的同等规模电厂，预算高达40亿美元，开工4年尚未投产。

爪哇7号项目产生了蝴蝶效应。

爪哇7号项目的中标在印尼电力市场影响很大，一个重要的因素就是投标电价远低于同期中标项目，直接导致印尼国家电力公司（PLN）要求降低同期中标的其他项目电价，成为印尼国家电力公司的采购模板，促使已经签约和正在建设的电厂调整价格和建设周期。

电价是块试金石。

根据印尼矿能部发布的数据，2018年印尼全国平均发电成本为7.86美分/千瓦时，其中爪哇7号项目所在地万丹省平均发电成本为6.91美分/千瓦时，爪哇7号项目的电价为4.21美分/千瓦时。按照年发电150亿千瓦时计算，相对于全国平均发电成本，每年可以给印尼节约5.48亿美元的电费支出。如果印尼全社会发电成本和爪哇7号项目持平，按照印尼 2018 年年发电量 2670 亿千瓦时计算，每年可以给印尼节约 97.5 亿美元的电费支出。

"爪哇 7 号项目具有重要的国家战略价值，其建成投产意义非凡。"2020 年 2 月 29 日，印尼国家电力公司董事长祖尔基弗利到爪哇 7 号项目调研时高度评价。

"我们非常肯定爪哇 7 号项目的战略意义，对印尼环保和可持续发展至关重要。"2020 年 9 月 25 日，印尼能源与矿产资源部电力总局官员穆尼勒在爪哇 7 号项目 2 号机组工程竣工仪式上致辞时表示。

从原有认知转化到战略认知，印尼敞开市场大门，国家能源集团国华印尼项目站在了更好的机遇点上。

共生模式，不惧风雨

"为什么国华电力公司第一次走出国门就能成功？"这是时任中国驻印尼大使谢峰之问。

创新价值空间，在为印尼赋能中成长，在国际化中蜕变，18 年来，国家能源集团国华电力公司共生共赢成长模式渐渐清晰。

从小机组到百万千瓦大机组，从以褐煤发电核心技术独步印尼市场,到投资、建设、运营、管理、人才培养,从民间合作项目到印尼国家电力发展计划重点项目、中印尼大型国企全面合作国际示范项目,国华电力公司输出了共赢的理念,收获了共赢的局面。

印尼电力工业之变有目共睹。

"爪哇 7 号项目的投产发电从根本上改善了爪哇——巴厘电力系统的稳定性;其超超临界发电技术必将成为印尼电力行业的标杆和典范;依靠先进的技术和领先的成本优势,将为股东创造巨大的价值和效益;印尼国家电力公司其他电厂将借鉴学习其先进高效的工程建设和运营管理模式。"祖尔基弗利 2020 年 2 月 29 日调研时讲。

10 年来,印尼电力行业的重大殊荣都与国华电力公司紧密相连,从技术创新、体系建设到战略引领、人才培养、行业发展,水平都大幅提高。

从基础出发,树木也树人。

印尼电力工业未成体系,电力人才短缺是最大短板。国华电力公司设立梯级人才培养计划,与印尼大学合作建立印尼第一家高效电力仿真实验室,从大学开始育人,将三河电厂和台山电厂作为基地,通过多种方式培训印尼员工。随着本地化率的不断提高,印尼将拥有一批成熟的运营队伍、一批能驾驭百万千瓦火电机组的管理人才。

从我到我们,国华电力公司把梦想的力量传递给了每个参与者。

理查德 2009 年高中毕业就进入国华南苏电厂，曾带队参加印尼国家级奖项评选，获得印尼电力最高荣誉，如今已从一名运行工人成长为运行部经理。去年入职的亚财说，他收入的一半用来赡养家人，是家庭的经济支柱。南苏电厂员工本地化率高达 72%，其中运行部印尼员工本地化率达到 90%。

企业利益与环境利益走向联合。

迪安是爪哇 7 号项目的第一个印尼员工，负责对外关系。他说："这些年，电厂建清真寺、盖学校、修公路、吸收村民就业，随着项目的展开，大家感到越来越惊喜，各方面的关系越来越融洽。"

站在国华爪哇电厂高达 83.7 米的观光平台远眺，海水在阳光照耀下波光粼粼，海岸附近大片红树林生机盎然，海鸟在此繁衍生息。

"正是由于项目建设和生产过程中非常注重环保，在疏浚施工过程中，项目组有意识地修了一条土坝，为红树林的生长、海鸟的繁殖创造了更好的条件，这片红树林从建设至今面积增加了 30%。"爪哇 7 号公关部经理班邦介绍。

3 个国华印尼项目为印尼提供了 7000 多个就业岗位，也为双方股东创造了可观的收益。据悉，爪哇 7 号项目 1 号机组 2020 年前 8 个月累计销售收入 2.24 亿美元，利润总额 3736 万美元。

疫情更加凸显命运与共。印尼疫情发生以来，国华电力公司及驻印尼各单位多方协调，积极筹措，为印尼当地捐赠防疫物资共计26.7万美元，用于援助印尼抗疫一线、南苏门答腊省、印尼政府有关机构及各项目地周边社区。

南苏省省长赫尔曼·德鲁在记者发布会上感谢国华电力公司，"本次捐献的防疫物资，将减轻南苏省各大医院及防疫一线的压力"。印尼能源和矿产部电力司副司长穆尼尔认为"国华电力公司是值得信赖的伙伴"。

印尼是千岛之国，没有一个岛屿是在海洋中孤立存在的。从国内价值共创走向国际价值共创，国华电力公司身后有一支团结协作的中企"梦之队"。

国家开发银行为项目提供融资保障；中国能建集团浙江火电和国家电力投资集团山东电力工程咨询院联合为项目设计、采购、施工、调试；中国能源建设集团广东省电力设计院为设计监理；中南电力项目管理咨询（湖北）有限公司为施工监理；上海电气集团和北京巴布科克·威尔有限公司提供自主知识产权的三大主机；长达4公里的全封闭彩虹输煤廊道管线由中交第四航务工程勘察设计院承建……

将理解和创造印尼价值作为组织的核心，各环节按照整体价值最优的原则相互衔接。立足于长久价值创造，在共生的环境中，一个生生不息的商业模式初露头角。

百舸争流

当今的中国能源舞台，煤电、核电、气电、水电、太阳能、风电如千帆竞发、百舸争流，共同构成多元化的电力系统。清洁煤电发电总量位居世界第一，核电在建容量世界第一，水电装机容量、发电量均居世界第一，风电装机容量世界第一，光伏电站装机容量世界第一……

电力成就彰显中国实力，电力实力代表中国信心。以清洁低碳、安全高效为目标，以世界市场为舞台，中国电力思辨前行、协同共生。

水电依然顾虑重重

江河日夜流，流的是煤和油。

新能源"三弃"问题将长期存在，水电和风电、光伏正在遭遇新难题。一方面是国家大量鼓励新能源替代，调整能源结构；另一方面则是新能源领域大量弃风、弃光、弃水。

大而强的中国水电依然迷茫。

各种能源品类各自为政，相互博弈，彼此纠缠不清，单靠市场只会剪不断理还乱，考验政府的时候到了。

登高望远，纲举目张。

政府角色的调整重要而紧迫。把工作重点从项目审批逐步转移到对能源结构和开发总量的总体控制上，根据区域资源禀赋优化生产力布局，彻底改变各能源品类独立规划的碎片化现象，建立综合能源体系，能源乱象才有望彻底破解。

中国水电谋发展：
义无反顾而又顾虑重重

世界从未像今天这样关注中国水电。

2015年5月19日—21日，以"塑造未来，推动水电建设可持续发展"为主题，第五届世界水电大会在中国召开，这是近年来在中国召开的规格最高、规模最大的国际水电盛会。世界的目光聚焦中国，中国更加放眼世界。

中国已是水电超级大国，不断刷新世界纪录

"中国正逐步成为世界水电超级大国。"开幕式上，国际水电协会时任主席肯·亚当斯代表国际社会对中国水电做出定论性评价。

大而强是今天中国水电的实情。

1949年新中国成立时，全国水电总装机容量仅36万千瓦，年发电量12亿千瓦时。到2004年，中国水电总装机容量突破1亿千瓦，

宋明霞，《中国经济周刊》2015年6月2日。

超过美国成为世界水电第一大国。到2014年，中国水电装机容量历史性地突破3亿千瓦，约占全球水电总装机容量的27%，位居世界第一并遥遥领先。

截至2015年5月，全球装机容量前10位的水电站，中国就有5座；全球单机容量70万千瓦及以上的巨型水电机组，超过一半在中国；依托重点工程，走自主创新与技术引进相结合的道路，中国水电实现了由国产化机组到国产化电站的宏伟目标。

世界水电看中国，中国水电看三峡。

作为全球最大的水电企业，2014年中国长江三峡集团（以下简称"三峡集团"）的清洁能源电力装机容量为5021万千瓦，在建工程装机容量约为3000万千瓦；三峡水电站年发电量为988亿千瓦时，位居世界首位，创造了单座电站年发电量世界纪录；全球已投产的70万千瓦以上大型水轮发电机组中，三峡集团拥有58台，占全球总量的60%。截至2014年12月底，三峡集团在40多个国家和地区开展国际业务，在建的投资和工程承包项目89个，拥有海外权益装机容量约530万千瓦。

世界水电看中国，中国电建走世界。

作为全球规模最大、产业链最完整的电力建设企业，中国电力建设集团有限公司（以下简称"中国电建"）承担着中国所有大江大河的开发规划，以及80%的大中型水电站勘测设计。截至2014年年底，在中国水电3亿千瓦的总装机容量中，中国电建施工建设的项目占比高达65%。中国电建国际业务装机规模突破1亿千瓦，项目分布在上百个国家。2014年，中国电建以营业收入368亿美元跻身世界500强榜单第313位，在美国工程技术权威杂志ENR（《工程新闻记录》）全球最大250家工程承包商和全球工程设计公司150强榜单上分别排名第14位和12位，体现了其在全球工程总承包、咨询设计领域的专业实力和领导地位。

从规划设计、装备制造、开发建设、运营维护到资本运作，中国水电已形成全产业链整合优势，实现了从规模到质量的全面壮大；从跟跑者到并行者再到领跑者，中国水电从弱到强，虽历经坎坷但义无反顾，实现了巨大的飞跃。正如中国水力发电工程学会时任理事长张基尧所言，中国水电产业已迈入大电站、大机组、高电压、自动化、信息化、智能化的全新时代，成为推动世界水电发展的重要力量。

全球20%的人口无电可用，世界需要中国

2015年，几内亚央行发行的新版两万几内亚法郎货币上，赫然印

上了由中水电公司（中国长江三峡集团全资子公司中国水利电力对外公司）总承包建设的凯乐塔水利枢纽工程效果图。中国公司承建的海外项目在正式运营前成为流通货币上的图案，这在世界尚属首次。

2015年，三峡集团卡洛特水电站写入中国与巴基斯坦政府间联合声明，这在中国水电行业尚属首次。

"哪里有中国电建，哪里就有光明和福祉。"时任尼日利亚总统古德勒克·乔纳森这样评价中国电建。

"我们有7000万人口，但很大一部分还没有获得电力。这就是为什么我们要向世界呼吁、向中国呼吁、向IHA（国际水电协会）呼吁并寻求帮助。"刚果共和国水利资源与电力部时任主任费雷迪·拉佛斯·亚维·拉姆法艾欧表示。

"在非洲9.15亿人口中，仅有2.9亿人口得到供电。水电的开发量为140GW，占技术可开发量的10%左右，非洲经济的持续增长将会使能源需求每年增加6%，这种增速将会一直持续到2040年。"非洲联盟能源与基础设施委员会主任阿哈姆·伊伯然黑姆表示，"非洲迫切需要借助中国等国际社会力量推动水电的开发"。

"非洲面临的主要挑战并不是没有能源资源，而是缺乏把能源资源变为可靠的、高效的、负担得起的、可持续的现代能源服务能力。"南非国家规划委员会委员迈克·穆勒认为，中国在水电方面确实非常强，建议发行一个绿色债券（通常指募资用于环境友好型项目的债券），支持世界范围内的水电开发项目。

国际水电协会认为，亚洲、非洲、南美洲将是今后水电建设的重点战场。

截至2015年5月，在南亚，印度约有49个新的水电项目正在规划建设，相当于5万多兆瓦的水电装机容量正在开发。印度电力部时任联席秘书阿让·库马·沃玛希望学习借鉴中国的先进经验。

在南美，亚马孙河流域水电资源开发潜力巨大，在亚马孙河支流上建设的伊泰普水电站，就是仅次于三峡水电站的全球第二大水电站。巴西能源业务发展部时任总裁吉尔·马拉豪·内托认为，今后二三十年，水电仍是巴西最重要的能源，希望在更大范围、更高层次推进与中国的合作。

由于能源分布不均和经济发展不平衡，全球仍有20%左右的人口生活在没有电力的困境下。国际水电协会在2015年5月19至22日召开的世界水电大会上预测，全球水电装机容量有望在2050年增长一倍，达到2050GW。国际水电协会时任主席肯·亚当斯认为，"一带一路"倡议将打开更加广阔的市场，中国参与国际水电开发可以走得更远。

"弃水电量"大，开发难度高，亟待顶层设计

中国水电的发展可谓义无反顾而又顾虑重重。

"一带一路"倡议展开了一幅宏伟蓝图，中国水电进入了崭新的阶段。然而，在国内部分地区，水电的消纳和开发依旧存在很大问题，"弃水电量"大、开发难度高、移民安置困难等阻碍行业健康发展。

国家能源局 2015 年 4 月发布的《水电基地弃水问题驻点四川监管报告》披露，2014 年四川调峰"弃水电量"达 96.8 亿千瓦时，占丰水期水电发电量的 14.93%。报告认为，导致四川水电站弃水发电的原因包括水电发展过快、当地电力需求增长缓慢、发电外送能力不足、汛期火电依然发电等原因。据悉，我国另一水电大省云南弃水现象更为严重。

中国水力发电工程学会副秘书长张博庭认为，"所谓水电站弃水指的是，原本应经过水轮机用来发电的水却从泄水设施流走了。以 2014 年水电平均上网电价每度 0.3 元计算，四川一年就流走了 29 亿元人民币，这是水电开发企业的损失。如果从可再生资源不利用也不能保存只能流逝的角度看，相对于那些优先开发、充分利用水电的发达国家，我国近些年的弃水损失不是几百亿元，而是上万亿元！"

华能澜沧江水电股份有限公司董事长王永祥呼吁道："打破电网区域限制，充分利用下游已有的输送通道向东部发达地区送电。从国家层面研究如何在经济新常态下保障优先开发利用水电，从根本上解决大量弃水问题。水电在中国的发展难度在加大，比如生态保护和移民安置的难度不断增加，所以其发展趋势难以准确预测。"

国家能源局新能源和可再生能源司副司长史立山认为："能源结构机制性变化一定会发生，水电在这一过程中起着桥梁性作用，肩负的使命越来越重。加强顶层设计、逐步完善机制应该是今后重要的任务。"

中国水电业有句话：水电开发难点在移民，关键在移民，成败也在移民。

"现在水电开发重点都在经济社会发展相对落后的西部地区，在保证做好移民安置的同时，也伴随着工程所在地原有城镇和基础设施的复建问题。是复建成现在的普通公路，还是兼顾未来发展，建成等级更高的公路，这需要厘清开发企业和政府的责任边界。否则，建设征地和移民安置的投资已远远超过工程建设的投资，水电开发就可能从经济的变为不经济的，不可持续。"中国电力建设集团有限公司董事长晏志勇认为，这是水电企业的困惑和顾虑。

在资源危机、环境恶化等背景下，清洁能源备受各国政府重视。

丹麦提出到2050年要全部摆脱对化石能源的依赖；德国提出到2050年可再生能源占能源消费的60%，占电力消费的80%。

"中国水电装机容量达到3亿千瓦，相当于每年减少3亿多吨标准煤消耗，减少二氧化碳排放8亿多吨，减少二氧化硫排放500多万吨。"时任三峡集团总经理王琳认为，风电太阳能等新能源的发展需要更多的水电来灵活调度，应更加关注水电对经济社会环境的综合价值，更加关注水电对风电、光伏等可再生能源的整合能力。

时任中国水力发电工程学会常务副理事长李菊根代表水电行业向国家呼吁："如果没有新的政策支持，没有划清开发企业和地方政府的责任边界，不能妥善处理好开发和保护的关系，不能解决好可再生清洁能源的优先调度问题，未来我国西部的水电开发可能放缓步伐，甚至面临停滞不前的局面。"

"水电作为当前技术最成熟、开发最经济、调度最灵活的清洁可再生能源，在未来能源生产中发挥更好的作用，将有助于全球和中国能源结构的调整。"时任国家能源局副局长刘琦强调。

能源进入高速转型期，可再生能源领跑本世纪

以"巩固亚太市场，加强能源和环境安全"为主题，2015年5月27日—29日，中国能源研究会与美国全美亚洲研究局联合主办"第六届太平洋能源峰会"。太平洋能源峰会由美国全美亚洲研究局发起，本次峰会是首次在中国举办。围绕中国与亚太地区能源转型、能源供应安全、加强能源与环境合作等话题，来自环太平洋地区的国家能源与环境领域政府和相关机构，共同探讨创新解决方案。

低碳发展对发达和不发达国家都是挑战

联合国气候变化大会2015年12月在巴黎召开，在巴黎气候大会上，各方致力于达成2020年后应对气候变化具有法律约束力的新协议。

中国积极应对气候变化。2014年11月，中国率先与美国达成减排协议，中方承诺碳排量到2030年封顶。随后，中国与印度、巴西先

宋明霞，《中国经济周刊》2015年6月15日。

后签署了气候变化联合声明。

2015年3月,奥巴马政府正式向联合国递交了2025年温室气体减排计划书,承诺在2005年的基础上,到2025年将温室气体排放量减少26%至28%。2015年5月,时任美国总统奥巴马特别提及气候变化影响国家安全。奥巴马称,气候变化已经对全球安全构成严重威胁,对美国的国家安全构成"立即风险",他呼吁"现在就行动"。

2015年5月18日,德国与法国发表联合声明,将努力结束化石燃料污染,并实现全球经济完全去碳化。

时任美国国家情报委员会总监、全美亚洲研究局理事会理事丹尼斯·布莱尔称:"亚太地区是全球经济最有活力的市场,以美国页岩气革命为代表,能源进入高速转型阶段。本次峰会将既专注又有活力的人士凝聚在一起,谋策可行的政策基础、政治意愿和机构能力,来支持开放的、有竞争力的和灵活的能源市场,确保能源和环境的双重安全。"

"中国的能源发展面临着许多艰巨任务,一方面需要保障国民经济发展、人民生活水平提高对于能源的需求,另一方面还需要调整自身结构,推动向绿色、低碳、节约化发展。这是一个需要发挥智慧去解决的问题。"时任国家能源局党组成员、监管总监谭荣尧在峰会上做主旨演讲,他表示,中国在能源领域不仅要努力解决好自己的问题,同时也要为世界能源发展、应对能源共同挑战做出贡献。

"中美要明白，低碳发展对发达和不发达国家都是新挑战。"中国能源研究会常务副理事长周大地说，"美国到2025年实现26%~28%的减排，需要巨大努力；中国要在2030年左右实现二氧化碳排放峰值目标，也需要巨大努力。中美在气候变化问题上要合作，合作是寻找共同点，而不是区别，也不是批评、打斗。中美在气候变化上要展开多层次对话，通过共同努力使巴黎气候大会开得更成功。"

能源是中国经济转型中的最大挑战

时任埃森哲全球能源战略高级董事总经理亚瑟·汉纳认为："中国的发展在全球处在先锋位置，过去35年解决了很多问题。中国经济正经历深刻的转型，能源问题战略及选择是经济转型中最大的挑战。"

"中国是全世界能源需求的中心点，未来也是如此，中国出现一点改变都会给全球带来很大的辐射和影响。关注中国能源的多样性发展，关注清洁能源推进的需求管理、定价机制、基础设施建设、市场监管，接下来的10年尚需不断强调机制问题，深入制订规则。"丹尼斯·布莱尔认为，全球能源相关利益者需要严肃思考。

作为中国气候变化专家委员会成员，周大地表示，欢迎其他国家帮助中国改进，希望能源的改进建议最好具体化，帮助也要具体化。"在发展低碳能源方面，中国发展非化石能源的速度很快，在水电、特高压电网等一些重要领域，中国已达到世界先进水平。在节能减排方面，尽管国内9万多家小火电被关停，但煤仍然扮演着主导作用。我们致力于把发达国家的先进技术引进并充分实现。"他说。

在亚太地区，有美国、日本等发达国家，也有中国、印度等发展中国家，这个区域，经济发展是主流，清洁能源发展是主线。"应对能源转型，寻求能源行业革命与治理达到平衡，实现能源安全、高效、清洁发展，既是中国的需求又是全球的机遇。"时任全国政协经济委员会副主任柴松岳呼吁，国际社会要加强合作，探求新的合作机制。

"中国正大力推进能源生产革命、能源消费革命、能源技术革命和能源体制革命，全方位加强国际合作，启动'一带一路'国家战略，将给能源市场带来重大机遇，能源合作领域将大有作为。"谭荣尧表示。

未来更多的创新来自可再生能源

巴黎气候协议发出一个明确信号——去碳化的步伐和规模将扩大。

第六届太平洋能源峰会特别设置了可再生能源专场。

"化石能源在未来二三十年仍然发挥重要作用,但面临很多威胁。我们的确有了替代能源的可能性,能源供给和替代可以解决。"周大地为峰会送上了好消息。

中国可再生能源学会理事长石定寰表示:"在能源革命的推动下,中国可再生能源快速发展。走创新驱动道路,通过科技、体制、政策、国际合作创新相结合,中国新能源产业链对未来发展起到引领作用,21世纪将走向可再生能源世纪。"

亚洲开发银行(ADB)高级能源专家周爱明说:"亚洲开发银行每年借款500亿美元,其中50亿美元用于能源,这50亿美元中有20亿美元用于可再生能源。未来二三十年,可再生能源一定会跟上来。"当被问到ADB项目投入时,他给出了两个答案——按照ADB标准回答,会做很多传统能源项目,而他个人的回答则是做可再生能源项目,他相信未来更多的创新将来自可再生能源。

丹尼斯·布莱尔认为:"从全球角度看,东亚是可再生能源最大的市场。从长远看,化石能源与非化石能源的关系一定是短期依赖、长期替代。随着电网技术的综合解决和大规模储能技术的发展,可再生能源是能源全球化的强大驱动力,可再生能源可以超越国界。"

"新三峡"正式核准，清洁能源"十三五"漂亮开局

我国第3座千万千瓦级水电站正式核准，清洁能源"十三五"漂亮开局。

2015年12月16日，经国务院常务会议审议通过，对已列入国家相关规划、具备建设条件的金沙江乌东德水电站项目予以核准。这是继溪洛渡水电站、向家坝水电站建成投产后，金沙江下游水电开发的又一重大里程碑，标志着我国兴建的第3个"三峡"正式进入主体工程施工阶段。

环保投入已超过9亿元

为建设三峡、开发长江，2002年，国家授权中国长江三峡集团有限公司（以下简称"三峡集团"）开发建设金沙江下游向家坝、溪洛渡、白鹤滩、乌东德4座巨型水电站，总装机规模达4646万千瓦，相当于两个三峡工程，年发电量约1900亿千瓦时。2014年7月，向家坝

宋明霞，《中国经济周刊》2016年1月5日。

水电站、溪洛渡水电站全面投产发电。

乌东德水电站是金沙江水电基地下游河段4个水电梯级的第一个梯级，是我国在"十三五"时期开工建设的首座世界级水电工程，环保投入格外令人关注。

据三峡集团公开资料显示，作为保护水生生态的重要举措，乌东德水电站规划建设了金沙江白鹤滩乌东德水电站珍稀特有鱼类增殖放流站，对白鹤滩、乌东德水电站库区各类珍稀、特有鱼类实施保护。2015年1月，增殖放流站开始试运行；2015年3月，开展了首次鱼类增殖放流活动，共计向金沙江投放各类珍稀鱼苗约2万尾。

截至2015年10月，乌东德水电站工程环保投入已超过9亿元，施工区水环境、大气环境、噪声防治、固体废弃物处置、陆生生态保护等已取得了积极成效。监测表明，各类环境保护措施的实施和运行基本满足"三通一平"环评报告书环境标准要求。

"紧紧围绕巨型水电工程关键技术、流域梯级水库联合优化调度、流域陆生生态和水生生态保护等一系列关键技术问题，开展协同创新，形成了一批具有核心竞争力的自主创新成果。"时任三峡集团总经理王琳说。

创新重大公共工程融资和建设模式

"作为21世纪标志性的世界最大绿色能源工程基地,乌东德水电站的融资模式、建设模式、建成路径都有重大突破。"清华大学国情研究院院长胡鞍钢进行了专题调研,并在调研报告中如此表示。

从长江干流上的三峡工程到金沙江下游的四大工程,三峡集团实现了由国家基金投资到国有企业市场投资的重大转变,创新了重大公共工程融资模式。

第一步,"举全国财力兴建"三峡工程。当时国家建设资金严重不足、社会资本尚未形成大气候,为保证三峡工程建设资金到位,国家设立了电力附加的融资办法,三峡工程建设基金占到三峡投资总额的50%。

第二步,"滚动开发、滚动投资",兴建金沙江下游四大梯级电站。在2010年三峡工程建设基金停止征收之后,三峡集团通过自有资金滚动开发的模式,自主集资,先后建成向家坝、溪洛渡水电站。接着又全资投资上千亿元建设乌东德水电站,并通过国际信用评级公司授予的最高主权级信用,成为在伦敦、纽约金融市场发行双币种企业债券的第一家国有大型企业。

"国家启动、企业积累、滚动投资"模式的形成，直接打通了巨型公共水电工程投资运转的"经脉"，创造了建设国家重大公共工程的"政府+市场"新样板。从集成创新到集群创新，实现了重大公共工程建设模式的创新。

这种集群创新概括为以国际先进水平为标杆，以关键技术、移民搬迁安置、生态保护为突破口，进行理念创新、体制创新、管理创新、科技创新，实现跨越式发展，努力建设世界一流的可持续发展工程。

集群创新表现为产业的横向联合。乌东德水电站在建设过程中，推动了水电工程设计、施工建设中多项核心技术的集中突破，重大项目建造技术再上新台阶，水利水电工程建设等关键技术产业的整体科技实力达到国际领先水平。

集群创新的优势还体现在上下游产业链的整体带动效应上，包括一个特定产业领域的创新型组织在地理空间上集中，聚集以知识与技术为代表，以"产学研用"为新模式，以"设计、制造、施工、运营、服务"的全生命周期产业链、价值链、供应链的包括企业集群、机构集群、行业集群、产业集群的创新大格局。

五大效益并举,中国水电综合实力再上台阶

乌东德水电站 2020 年 7 月首批机组发电,2021 年 7 月全部机组投产发电,其建成后实现了五大效益并举。

一是发电效益。乌东德水电站装机容量 1020 万千瓦,多年平均发电量 389.1 亿千瓦时,保证出力 315 万千瓦。通过乌东德水库的调节,还可增加下游白鹤滩、溪洛渡、向家坝 3 个梯级保证出力 14.2 万千瓦,增加年发电量两亿千瓦时。

二是防洪效益。乌东德水电站正常蓄水位为 975 米,具有季调节性能,是构建长江流域防洪体系的重要组成部分。乌东德水库控制金沙江流域面积的 86%,水电站防洪限制水位 952 米,水库预留防洪库容 24.4 亿立方米,配合下游白鹤滩、溪洛渡、向家坝水库运用,可进一步提高川江河段的防洪标准,有效地减少长江中下游地区成灾洪峰流量和分洪损失。

三是航运效益。乌东德水电站建成后,水库常年回水长度约 153 公里,淹没各类碍航滩险约 50 处,库区干流及支流部分河道水深增加、流速减小,为改善库区通航条件、发展库区航运创造了条件。

四是环境效益。乌东德水电站送电华东、华中和广东电网,可明

显提高电力系统中的水电比重,改善电网的电源结构;可替代当地的燃煤类化石电站,每年可节省标煤约1220万吨,同时可减少温室气体二氧化碳3050万吨、二氧化硫10.4万吨的排放,有利于缓解地区能源供需矛盾和煤炭运输压力,减少大气污染。

五是社会效益。乌东德水电站位于我国西部四川、云南界河金沙江干流上,所在地区经济社会发展相对滞后。乌东德水电站工程动态总投资上千亿元,建设期间平均每年可增加就业人数约7万人。建成发电后地方财政每年增收约13.5亿元,有利于推进地方经济社会的可持续发展。

"经过20多年的发展,三峡集团已成为我国最大的清洁能源集团和世界上最大的水电开发企业。乌东德水电站的建设将进一步强化集团的核心能力,巩固中国在世界水电领域的领先地位,实现我们成为国际一流的清洁能源集团的战略目标。"时任三峡集团董事长卢纯表示。

三峡集团：
生死大营救 31 年，确保中华鲟不灭绝

"即便是野生中华鲟消亡，我们也可以通过人工繁殖的手段确保长江旗舰物种中华鲟不灭绝。"2016 年 4 月 23 日，湖北宜昌中华鲟养殖基地，三峡集团中华鲟研究所所长陈磊说。

中华鲟出生在长江，常年生活在东海、南海。2016 年 4 月 24 日上午，湖北省宜昌市胭脂园长江珍稀鱼类放流点，第 58 次长江中华鲟放流，2020 尾全人工繁殖的中华鲟顺江而下，"少小离家归大海"。

子二代中华鲟入江 8 年，创造多个"之最"

中华鲟是地球上最古老的脊椎动物之一，有 1.4 亿年的历史。对中华鲟的保护与对长江整体的鱼类资源的保护息息相关，也是为了恢复长江的自然生命力。

宋明霞，《中国经济周刊》2016 年 5 月 2 日。

截至 2016 年，中华鲟放流活动已进行了 31 年，其间历经艰难曲折。

"20 世纪 80 年代，投进长江的只有 1 厘米长的鱼苗，我们称之为'水花'，而且中华鲟产的卵只有 5%~10% 能育成'水花'，若在人工环境下继续养下去就会死亡。由于水花太小，进入长江后就有不少被吞到了天敌的肚子里。"时任中华鲟研究所育种中心主任朱欣介绍。

"如今在长江投放的都是 30 厘米以上的成鱼，这些鱼在长江里就不存在自然天敌了，也标志着人工繁殖中华鲟的一整套技术已经成熟。"朱欣说。

如果把捕捞到的野生中华鲟亲鱼称为祖辈，那么通过其繁育出的一代即为父辈，父辈在人工条件下发育到性成熟，繁育获得的下一代就是子二代。

2009 年 10 月 4 日，第一尾全人工繁殖的子二代中华鲟诞生，2010 年 6 月，首批 5 尾子二代中华鲟被送入长江。

2016 年放流的中华鲟创造了多个"之最"：

年龄梯队为历年之最，包含了 2009 年以来 5 个年份繁殖的鱼种，放流鱼种遗传多样性显著，对提升放流成活率、维持种群优势具有重要意义；

规格为历年之最,平均体长和平均体重创造了长江中华鲟放流史上的新纪录;

追踪检测手段为历年之最,2016年放流的部分中华鲟子二代率先采用了卫星标记技术。

中华鲟生存状况仍不乐观,不能单靠物种保护

尽管人工繁殖放流进行了多年,但中华鲟生存状况仍不乐观。

"20世纪80年代初,我们取出雄鱼精液,可以观察到精子上下翻滚,活力很强,但这些年精子活力明显减弱。"在朱欣看来,中华鲟能逐渐适应葛洲坝工程,却不能接受所有人类活动的影响。

"不能单靠物种保护来谈中华鲟及长江生态。"中国科学院院士曹文宣认为,人类各项活动中,大型水利工程建设社会关注度较高,人们往往倾向于从这点上找原因和解释。事实上,尽管建坝对于中华鲟洄游会产生一定影响,但若从宏观来看,同为长江生物链顶端的大型肉食性水生生物——中华鲟、白鲟、白鱀豚、江豚等全部陷入濒危和灭绝的境地,其反映的是长江流域水生态环境整体恶化所造成的水生生物资源危机。

"单从物种保护谈中华鲟和长江生态保护是不客观的，光靠几家研究保护机构是远远不够的。必须认识到，长江船只增多，捕捞活动频繁，水质污染加重，扰动了中华鲟的生存空间，其影响是直接和致命的。"时任中华鲟研究所副所长高勇认为。

从中华鲟到其他珍稀物种，研究保护范围逐步加大

"随着三峡集团开发金沙江的脚步，我们研究保护的范围在进一步加大，涉及金沙江珍稀特有鱼类的保护，研究保护的对象，也由过去的中华鲟、胭脂鱼扩展到整个长江流域的3种珍稀鱼类和66种特有鱼类。"三峡集团中华鲟研究所水生态修复室副主任姜伟介绍。

在金沙江下游的向家坝江段，三峡集团建立了金沙江溪洛渡向家坝水电站珍稀特有鱼类增殖放流站，每年都进行增殖放流，保护长江水环境。

"如果说葛洲坝水利枢纽在兴建过程中对生态环境的重视使中华鲟保护工作步入正轨，那么三峡工程、金沙江梯级水电的开发，则使更多的珍稀、特有鱼类进入了重点保护范围。"三峡集团宣传与品牌部主任杨骏说。

"上合"之和与全球能源互联网

全球能源互联是乌托邦吗？全球地缘政治问题如何破解？从质疑开始，我写这篇文章历时一年。直到今天还能听到社会上的各种质疑声。

有时候盯住问题往往看不清问题。

2018年6月12日，朝美结束了持续将近70年的敌视与对立，实现了第一次首脑会晤。这一重要进展体现了世界主旋律，那就是构建和谐稳定的国际环境，促进繁荣发展。

这个世界真的在大发展、大变革、大调整。

2018年6月9日—10日，上合组织（上海合作组织）青岛峰会成功举办。上合组织为什么能够成为世界上幅员最广、人口最多的综合性区域合作组织？

"上合"之和得人心。

安全稳定是人心所向。"上合"组织不断破解时代难题，打破文明冲突、冷战思维、零和博弈等陈旧理念，深挖经贸合作，拉紧人文交流纽带，形成"安全之和""发展之和"及"人心之和"。

"上合"之和是大势。

世界各国日益利益交融，命运与共，合作共赢是大势所趋。"上合"之和掀开了国际关系史上崭新的一页。

"上合"之和是全球优势。

推动新型国际关系，携手迈向持久和平、普遍安全、共同繁荣、开放包容、清洁美丽的世界，清洁能源怎么可能缺位？

2019年以来，围绕中美贸易战的谈判一波连着一波，2020年新冠肺炎疫情蔓延让世界的不确定性加剧，但有一点是确定的：无论如何，世界各国的相互依存关系已经无法分割。无论是合作博弈还是不合作博弈，都是要通过博弈谋求发展，实现强国战略。

随着中国电力建设工程"看着地图走世界"，全球能源互联网的基础日益坚实。

方向对了不怕路远。

从特高压到全球能源互联网：
大国创新背后的钻石体系

在 2015 年 9 月 26 日的联合国发展峰会上，中国国家主席习近平向世界郑重推介全球能源互联网。习近平向世界宣布："中国倡议探讨构建全球能源互联网，推动以清洁和绿色的方式满足全球电力需求。"

在业界看来，中国"全球能源互联网"的战略构想，正是基于国家电网有限公司（以下简称"国家电网"）在特高压技术的成功实践。

作为"中国创造"的一张国家名片，"高大上"的特高压似乎离大众有些远。

但是，如果从治理雾霾和清洁发展的角度去认知特高压，认知"电从远方来，来的是清洁电"，认知"清洁替代、电能替代"，就会发现原来它就在你我身边。

作为"中国创造"的一张国家名片，多年来，特高压经受了从技术到商业模式等各方面的磨砺。

但是，当特高压成长为中国在世界上具有绝对竞争力的技术和产

宋明霞，《中国经济周刊》2016 年 5 月 30 日。

业，继而形成强大的产业集群，成为国家竞争优势，直到以其为关键的全球能源互联网登上国际舞台，成为世界应对气候变化的重要力量，蓦然间，一个重大课题亟待探究——作为一个国家创新典范，特高压的背后是一套怎样的支撑体系？

理论基础：构建全球能源互联网，应对三大挑战

特高压不是中国首创，为什么能够在中国率先获得成功和全面应用，成为世界电网发展新的里程碑？

世上千条路，关键是思路。

"我于20世纪70年代初投身中国电力事业，40多年的经历，使我对能源与电力工作充满感情，对未来发展问题一直在研究和思考，认识也在不断深化。"掌舵国家电网12年的"班长"刘振亚在《全球能源互联网》一书后记中这样说。

《中国电力与能源》《特高压交直流电网》《全球能源互联网》……在中国能源界，刘振亚的著作颇丰，而这些论著无一不在思考能源的战略和出路。

特高压是直面能源紧缺的产物。

我国能源与生产力布局呈逆向分布，76%的煤炭资源分布在北部和西北部，80%的水资源分布在西南部，陆地风能主要集中在西北、东北和华北北部，而70%以上的能源需求来自东中部。由于运输成本高、土地资源紧张、环境压力大，东部地区不适宜再大规模建设燃煤电厂，这就要求电力发展模式要由就地平衡转变为"西电东送、北电南供"。建设以特高压电网为骨干网架的坚强智能电网，可以充分利用其输送距离远、容量大、损耗低、效率高的特点，把能源资源就地转化为电力，让"煤从空中走、电送全中国"，解决能源运输长期紧张的难题，推动能源资源在全国范围内优化配置和高效利用。

早在2004年，国家电网就提出发展特高压电网。

特高压是应对环境危机的产物。

随着我国能源生产和消费总量持续增大，化石能源被大量开发和使用，环境污染、气候变化等问题日益严峻，建立在化石能源基础上的能源发展方式已难以为继，尽快摆脱化石能源依赖，实现清洁能源占主导，是大势所趋。立足基本国情和资源禀赋，国家电网制订实施"一特四大"战略，即加快实施特高压电网建设，促进大煤电、大水电、大核电、大型可再生能源基地集约开发，着力于"以电代煤、以电代油、电从远方来、来的是清洁电"，实现电能替代、清洁替代。

特高压是保障能源安全的产物。

能源是现代化的动力，是长期影响经济社会发展的重大因素，作为能源消费大国，中国只有立足独立自主解决能源问题，才能保证能源安全，才能保证经济社会可持续发展。建设特高压，加大输电比重，实现输煤输电并举，形成能源输送方式相互保障格局，可以促进能源输送方式多样化，减少煤炭运输压力，提高能源供应安全性，助力经济高效运行。

对中国能源和电力的持续探索与实践，进一步引发了刘振亚对全球能源问题的深入思考。

资源紧缺、环境污染和气候变化是当今世界面临的三大严峻挑战。

数据显示，全球化石能源消费每年排放二氧化碳高达320亿吨，二氧化硫1.2亿吨，氮氧化物1亿吨。据统计，按照之前的开采强度，2014年全球煤炭、石油和天然气探明储量分别仅能开采110年、53年和54年。与化石能源相比，清洁能源储量丰富，全球水能资源超过100亿千瓦，陆地风能资源超过1万亿千瓦，太阳能资源超过100万亿千瓦，仅开发其中万分之五就可以满足未来人类社会的能源需求。

中国特高压技术的重大突破，引发了社会应对三大挑战的重新思考。

国家应对气候变化战略研究和国际合作中心主任李俊峰认为，应对气候变化的唯一出路在于能源的绿色低碳发展，根本途径是实施清洁替代和电能替代，建设以特高压电网为骨干网架的坚强智能电网，也是世界电网发展的方向和选择。

树立"大能源观"，立足国内、放眼国际、总揽全局，统筹解决能源与环境问题，破解经济社会发展瓶颈，全球能源互联网的战略构想浮出水面。

通过建设跨洲特高压骨干通道，形成连接"一极一道"大型能源基地与亚洲、欧洲、非洲、北美、南美的全球能源系统，实施清洁能源跨洲配置；通过建设洲内跨国特高压线路，满足洲内国家之间大容量、远距离输电或功率交换需求，提高洲内电网互济能力；根据各国资源禀赋和需要，通过建设国家级特高压电网，形成特高压交流骨干网架和连接国内大型能源基地与主要负荷中心的特高压直流输电通道。这正是"全球能源互联网"构想中所描述的全球特高压骨干网架。在家里用上北极的风电、赤道的太阳能，将会伴随着全球能源互联网建成而成为现实。

中国特高压技术和全球能源互联网战略受到国际社会密切关注。

在2014年9月23日召开的联合国气候峰会上，刘振亚做了"构建全球能源互联网、促进绿色低碳发展"的主题发言，引起了参会代表的热烈讨论。时任联合国秘书长潘基文对全球能源互联网的伟大构想非常赞赏。2014年11月5日，潘基文致信刘振亚，感谢国家电网做出的宝贵贡献，认为其代表了能源企业为应对全球气候变化做出的前瞻性承诺。

2015年9月14日，潘基文在联合国总部会见刘振亚，再次充分肯定了全球能源互联网的战略构想，希望其在应对气候变化中发挥重要作用。

2016年2月25日，出席剑桥能源周的时任美国联邦能源监管委员会主席诺曼·贝表示，全球能源互联网战略具有远见卓识，意义非常重大，相信全球能源互联网能够把全人类紧紧地团结在一起，促进全球各国及地区和平共处。

2016年3月30日，时任联合国副秘书长吴红波在"2016全球能源互联网大会"上明确表示，"联合国将支持和推动把构建全球能源互联网作为加快能源转型、实现清洁发展、应对气候变化的重要解决方案"。

十年磨一剑，特高压和全球能源互联网走上了世界舞台。

技术突破：拥有完全自主知识产权，确立中国标准体系

思远，行更远。

特高压输电这一项庞大繁杂的系统工程，必然伴随着一系列技术和设备的研发、创新。

2009年1月，世界上第一个商业运行的特高压工程——我国自主研发、设计和建设的1000千伏晋东南—南阳—荆门特高压交流示范工程竣工。

2010年7月，向家坝—上海±800千伏特高压直流输电示范工程竣工并正式投入商业运行。特高压交直流输电示范工程的稳定运行和建成投运，全面验证了发展特高压输电的可行性、安全性、经济性和优越性。

2014年6月，习近平总书记在中央财经领导小组会议上指出，保障国家能源安全，必须推动能源"四个革命、一个合作"，要继续建设以电力外送为主的千万千瓦级大型煤电基地，继续发展远距离大容量输电技术。

2014年4月，国务院总理李克强主持召开新一届国家能源委员会首次会议，决定开工建设一批特高压输电通道。2014年5月，"四交

四直"特高压被列入国家大气污染防治行动计划。

特高压电网建设进入快车道。

2016年3月，李克强总理在《政府工作报告》中指出，要推进以电代煤，提高清洁能源比重，发挥有效投资对稳增长调结构的关键作用，启动特高压输电等一批"十三五"规划重大项目。

第一个特高压工程安全稳定运行7年来，国家电网累计建成"三交四直"7项特高压工程，在建"五交六直"11项特高压工程；特高压工程累计送电超过5000亿千瓦时，成为中国西南水电，西部和北部煤电、风电、太阳能发电大规模输送的主通道。

我国特高压电网的成功实践在世界能源领域引起了极大震动。

2010年11月29日，诺贝尔物理学奖获得者、时任美国能源部部长朱棣文的演讲颇有深意："中国挑战美国创新领导地位并快速发展的一项重要领域，就是最高电压、最高输送容量、最低损耗的特高压交流、直流输电。"

2011年4月，特高压交流试验示范工程获中国工业大奖，这项工程被国际大电网组织誉为"一个伟大的技术成就"。

2013年1月，特高压交流输电技术、成套设备及工程应用荣获"国家科技进步奖特等奖"，中国拥有完全自主知识产权，同时也是世界上唯一掌握这项技术的国家。国际电工委员会认为，中国建成世界上电压等级最高、输电能力最强的交流输电工程，是电力工业发展史上的一个重要里程碑。

中国在世界特高压输电领域的引领地位从此确立。

特高压的身后是一批世界级的创新成果：国家电网建成特高压交流、特高压直流、高海拔、工程力学4个试验基地和大电网仿真、直流成套设计2个研发中心，形成功能齐全的特高压、大电网试验研究体系，全面掌握特高压交直流输电核心技术和整套设备制造能力，在特高压交直流输变电、大电网控制保护、智能电网、清洁能源接入等领域取得世界级创新成果。

特高压的身后是中国标准体系和中国话语权的确立：依托特高压试验示范工程建设，国家电网把科研攻关、工程建设和标准化三位一体同步推进。截至2016年5月，中国特高压交流电压成为国际标准，发布国际标准6项、国家标准46项、行业标准61项、企业标准171项。国际电工委员会有4个专业委员会秘书处设在国家电网，时任国家电网主要负责人舒印彪担任国际电工委员会副主席，显著增强了我国在世界电工标准领域的话语权和影响力。

特高压背后是中国实力的支撑：中国特高压输电工程的成功，开启了以特高压为最高电压等级电网建设的新纪元，在电网科技领域完成了从追赶到超越的历史性转变。

2014年2月，国家电网中标巴西美丽山水电站外送特高压输电项目一期工程，标志着我国特高压技术"走出去"了。

2015年7月，国家电网中标巴西美丽山特高压输电项目二期总承包工程，实现了我国特高压技术、装备和工程总承包一体化"走出去"，特高压成为彰显中国自主创新的一张靓丽名片。

特高压技术创新按下快进键。

2016年1月，世界上电压等级最高、输送容量最大、输送距离最远、技术水平最先进的特高压输电工程——准东—皖南±1100千伏特高压直流工程开工。±1100千伏特高压直流输电距离可达5000千米，全球各大清洁能源基地与负荷中心之间的距离都在特高压输送范围内。

国际能源署署长法提赫·比罗尔指出，电力就是能源的未来，未来的能源就是电力。中国特高压及智能电网的发展，为全球能源互联网奠定了良好的基础，提供了现实可行的解决方案和技术保障。

世界上第一条高压输电线路诞生于1891年，从高压到超高压，中国电力技术一直在走跟随式的发展路线。十余年艰苦不寻常，国家电网从最初建设的特高压示范工程到2016年在建在运18条特高压交直流工程，技术上持续提升、理念上不断突破、视野上越来越开阔，展现出了强大的生命力,实现了"中国创造"与"中国引领"。

产业集群:大范围高水平协作,走向品牌集群

高树靡阴,独木不林。

"特高压是个产业集群。"在业内人士看来,特高压能够走到今天,得益于大范围、高水平协作,依靠群体创新的力量,一起构成了具有可持续竞争力的产业生态系统。

特高压输电技术无疑是迄今为止难度最大、最复杂的一项电力技术成就。提升一个电压等级,意味着超越现有的世界电力技术、标准、建设管理经验。

引进、吸收、消化、再创新这条路,在特高压面前走不通。

特高压项目启动之初,国际上没有成熟的技术和经验,没有可借鉴的标准规范,就连国外不成熟的特高压技术也对中国人严格封锁。2006年,国家电网考察组赴美国电力科学研究院考察,对方热情接待,但一到试验基地,对方就不给数据、不准记录、不许拍照,想记住什么,请用眼睛吧。

联合创新、开放创新激发出强大的创造力。

国家电网创立了一种全新、有效的机制，以国家电网为创新主体，立足国内自主创新，紧密联合国内科研、设计、制造等机构，按照"基础研究、设备研制、系统集成、试验验证、工程示范"的技术路线，集中优势资源，产学研用协同攻关。

一批高科技企业投身特高压市场：

中国西电集团旗下的西安高压电器研究院建成了世界上唯一完整的特高压成套设备试验、检测平台；

中电普瑞电力工程有限公司研制出世界首个±800千伏/5000安特高压直流换流阀及阀控系统，打破了直流换流阀核心技术国外垄断，实现了产业化应用；

许继集团研制出世界首套±800千伏直流输电控制保护系统，完成了世界首套±1100千伏控制保护系统的开发，总体技术达到国际领先水平；

南瑞集团研发的统一潮流控制器达到国际领先水平；

国家电网组织国内电工装备企业成功研制了特高压变压器、开关、高抗、串补等全部关键设备，创造了一大批世界第一。

特高压产业的国际竞争力大幅提升：在特高压带动下，我国电工装备企业不仅主导了国内高端市场，而且进军国际市场，打破了跨国公司长期垄断国内高端市场的局面。近年来，我国500千伏及以上电力设备出口额每年都有大幅增长，实现了特高压反哺超高压，推动了设备出口的良性发展。

特高压让更多"草根"崛起：国家电网始终坚持市场化道路，积极鼓励、广泛接纳民营企业参与到特高压建设当中。从1000千伏特高压交流到±800千伏特高压直流工程，几乎到处都能看到民营企业。

作为民营电力设备企业的优秀代表，特变电工股份有限公司成功跻身于特高压重要设备供货商。在电容器板块，无锡赛晶电力电容器有限公司、合容电气股份有限公司等一批民营企业与国有企业、中外合资企业平分秋色。民营企业中标比重增大是特高压市场的一大亮点。

专利云集，百舸争流，特高压市场因此涌现出一批强者。

特高压产生了强大的磁场效应。通过专业化分工和协同作战锻造出了强大的竞争优势，特高压现代产业集群呈现出愈来愈蓬勃的生命力。

特高压是发动机，也是品牌伞。

在今天的中国国家名片里，特高压已占据重要位置。在特高压的大旗下，由产业集群走向品牌集群，中国智造在路上。

市场格局：承载能源革命，创造巨大商业价值

历次工业革命无不与能源的变革息息相关。从薪柴时代到煤炭时代，再到油气时代、电气时代，全球能源的每一次变迁都伴随着生产力的巨大飞跃。

国家电网是先知先行者。

2014年3月全国政协会议上，刘振亚就明确提出"随着清洁能源、智能电网、信息和网络技术的不断发展，以清洁能源开发利用为特征的新一轮能源革命正在兴起，第三次工业革命正在孕育发展"。

"与全球能源互联网相伴生，第三次工业革命则是新能源的开发与传输技术、新材料技术、通信技术、人工智能等各类新技术的集成式、聚合式突破。"刘振亚在《全球能源互联网》一书中做了系统阐述——储能技术突破瓶颈，使电动汽车单次充电续航里程远超过内燃机汽车，高速公路上的充电站代替了加油站；全球数百颗气象卫星联网协作，可以精准判断某时某地光的强弱、风的速度，最大限度地从自然界中获取能源；等离子体、纳米材料等技术更加先进，可以制造出光电转换效率更高的面板、强度更高的风机、质量更轻的电动汽车、线损更低的输电线路，彻底更新能源产业面貌……

全球能源互联网建设投资大、产业链条长、经济带动力强，史无前例的大规模清洁能源通过全球能源互联网在全球配置，不仅将使人类摆脱对化石能源的依赖，还将为全球注入强大的经济增长动力。

一系列新型价值创造方式将应运而生。

北京大学教授厉以宁指出，全球能源互联网寓经济低碳化于经济持续增长之中，既在持续增长中实现低碳化，又能推动经济持续增长。建设中国能源互联网将成为推动供给侧结构性改革、培育壮大新动能、加快发展新经济的重要抓手，既利当前又利长远。

中国科学院院士卢强认为，全球能源互联网重构了世界能源体系，创造出了全新的市场领域，催生了新的经济模式，将全面推动战略性新兴产业发展。

2016年3月，刘振亚在全国政协十二届四次会议第二次全体会议上提出，构建全球能源互联网投资规模超过50万亿美元，将有力带动高端装备制造、新能源、新材料、电动汽车等战略新兴产业发展，同时获得巨大的时区差、季节差、电价差效益。如果我国启动能源互联网建设，2016—2025年电网投资可达10万亿元，带动清洁能源投资10万亿元，年均拉动GDP增长1.5个百分点以上。

建设全球能源互联网助力推动产业结构调整。

建设全球能源互联网，可以消化钢铁产能2000万吨以上、风电产能4300万千瓦、光伏5600万千瓦，可为装备制造业创造6000亿元以上的增长值，每年增加就业岗位200万个。

构建全球能源互联网是"一带一路"建设的创新发展，是推进世界能源革命的重大举措，是推动世界经济社会发展的强大引擎，是促进世界和平发展的重要平台。

全球能源互联网是应对全球气候变化的根本途径。

全球能源互联网建成时，每年可替代相当于240亿吨标准煤的化石能源，减排二氧化碳670亿吨，碳排放可控制在115亿吨左右，仅为1990年的一半，能够实现将全球温升控制在2℃以内的目标。

建设全球能源互联网可以有效治理雾霾。

加快能源互联网的建设可以保障清洁能源的大规模开发和利用，到2030年我国清洁能源装机量将达到17亿千瓦，清洁能源的比重可以达到26%。通过更多地使用清洁能源，我国可将碳排放峰值控制在101亿吨左右，峰值降低24亿吨，达峰时间可从2030年提前至2025年前。

围绕全球能源互联网的国际交流日益频繁。

继2015年11月和12月全球能源互联网中美技术装备研讨会、全球能源互联网中欧技术装备研讨会分别在芝加哥和柏林举办之后，

2016年1月，全球金融界精英聚首香港，聚焦全球能源互联网的商业模式、商业价值，拓宽投融资渠道。

摩根士丹利董事、总经理，全球电力及公共事业部总经理安东尼·伊安诺认为，全球能源互联网未来对于创造利益至关重要。

麦格理资本高级董事、总经理，基础设施、公用事业及可再生能源部全球主席大卫·罗斯曼认为，金融市场的投资者乐于在全球能源互联网这样收益稳定的基础设施领域投资，全球电网对于金融界来说非常有吸引力。

2016年2月，国家电网出席在美国休斯敦举办的剑桥能源周，宣讲了构建全球能源互联网、推动世界能源变革转型的战略主张。

2016年3月，以"全球能源互联网——以清洁和绿色方式满足全球电力需求"为主题，2016全球能源互联网大会在北京隆重举行。本次大会由中国国家电网公司、联合国"关注气候变化"行动组织、国际能源署、爱迪生电气协会联合主办。来自联合国等国际组织和亚洲、欧洲、非洲、美洲、大洋洲26个国家的政府部门、行业组织、相关企业、科研院校等300多家单位，共计600多位代表参会。会上，中国国家电网公司、韩国电力公社、日本软银集团、俄罗斯电网公司共同签署了《东北亚电力联网合作备忘录》，标志着全球能源互联网建设在亚洲迈出了重要的一步。

全球能源互联网正在加速落地。

精神内涵：服务大局，利在天下

世界上没有一个强大的产业是短期内成就的，全球能源互联网亦然。

"中国能源面临的形势是严峻的，在深深的忧虑中，我始终对中国能源的发展前景充满信心。"这是刘振亚早期论著中表达的心迹。

厘清中国能源的战略思路并不容易。

"解决中国能源的问题不能'头痛医头、脚痛医脚'，而是需要树立大能源观。推动能源发展方式的转变需要一个清晰的战略基点，这个基点就是'一特四大'，而实施'一特四大'战略的关键在于特高压。"这是以国家电网为代表的中国电力人的思考。

推动能源战略的有效实施更为不易。

"市场体系的构建与监管，法规政策的规范与支持，科技创新的支撑与引领，现代能源集团的培育与发展，都是关系我国能源战略实施的重大问题。解决这些问题需要解放思想、转变观念，需要处理好各种利益关系。"国家电网深知问题的错综复杂。

"我想任何新生事物的发展都会经历这样一个阶段，只要各方一心为公、客观公正，最终总会在国家利益面前达成共识。"面对困难和质疑，刘振亚的回应坚定而平和。

民生工程是基础。2006—2016年5月，国家电网累计完成无电地区电力建设投资381亿元，为191.7万个无电户、749.5万个无电人口解决了用电问题。

业绩优秀是保障。只有实现资产优良、效率提升、业绩优秀，才能谋求长远发展。

破解能源困局是使命。作为国家能源领域的重要骨干企业，国家电网将电网发展放到国家能源发展大局，乃至整个国家现代化建设全局去思考和谋划，矢志探索中国能源的出路，赢得了电力系统和社会各界的鼎力支持。

"全球能源互联网既利于当前又利于长远，对世界能源可持续发展发挥了全局性、战略性引领作用。"原国家能源部部长黄毅诚认为。

"从某种意义上来讲，全球能源互联网比'两弹一星'还重要，解决的问题更长远，未来和'一带一路'结合起来，会有很大潜力。"中国科学院院士何祚庥评价。

从特高压到全球能源互联网，国家电网充分体现了精神的力量，即忠诚报国的负责精神、实事求是的科学精神、敢为人先的创新精神、百折不挠的奋斗精神和团结合作的集体主义精神。

"中国创新推动特高压发展并引领构建全球能源互联网，体现了中国作为大国的责任和担当，刘振亚先生无愧为世界特高压领域的思想领袖。"电气电子工程师学会（IEEE）董事会成员、时任标准协会主席布鲁斯·克雷默认为。

长期以来，国家一直在引导和支持全球能源互联网的发展。

国务院国务委员王勇指出，能源互联网是推动能源革命的重要战略支撑，构建全球能源互联网涉及国际政治、经济、技术、环保等各方面，需要世界各国、有关方面共同努力，加强开放共享、加快技术攻关、推动共建标准、确保网络安全，为解决人类能源问题贡献智慧和力量。

今天，中国在清洁能源领域已无可争议地成为全球领导者。2012年，中国超过美国，成为全球第一风电大国；2015年年底，中国超过德国，成为全球光伏发电装机容量最大的国家。国家电网表示，随着全国能源互联网建设的推进，制约可再生能源的弃风、弃水等问题将得到彻底解决。

今天，落实中央"创新、协调、绿色、开放、共享"的发展理念，建设生态友好型社会,从化石能源为主转向清洁能源为主,比历史上任何时候都显得重要和紧迫。

2015年9月26日,在联合国发展峰会上,习近平主席向世界郑重推介全球能源互联网,这一开创性的伟大构想,是中国积极参与全球治理的重要体现,彰显了有国际担当的大国风范,赢得了国际社会的赞赏和支持。

全球能源互联网的步伐正在加快。

国家电网提出,未来几十年是构建全球能源互联网的关键期,总体分为国内互联、洲内互联、洲际互联3个阶段。从2016到2020年,加快推进各国清洁能源开发和国内电网互联、智能电网建设;到2030年,推动洲内大型能源基地开发和电网跨国互联;到2050年,加快"一极一道"能源基地开发,实现电网跨洲互联,基本建成全球能源互联网。

一系列开创性工作有序展开。

围绕构建全球能源互联网,国家电网系统评估了北极风能、赤道太阳能等全球可再生能源资源;举办中美、中欧全球能源互联网技术装备研讨会,明确了关键技术和装备的突破方向;举办全球能源互联网投融资高层研讨会,研究投融资模式与解决方案;发布《全球能源互联网研究报告》，推进与周边国家电网互联互通，深入开展亚洲电网互联、亚欧洲际输电等研究……

2016年3月29日，全球能源互联网发展合作组织正式成立，这是中国在能源领域发起成立的首个国际组织，首批会员80家，来自五大洲，包括社会团体、研究机构、企业等，覆盖能源、电力、科技、环保、金融等领域，刘振亚当选为合作组织主席。合作组织的成立，标志着全球能源互联网进入全面发展的新阶段。

蓝图清晰，共识凝聚，全球能源互联网已从战略构想走向共同行动。

在刘振亚严谨、理性的论著中，有这样一段少见的浪漫文字：

"以全球能源互联网为支撑，奔腾的流水、过境的大风、普照的阳光、涌动的海潮等自然界的能源，将会通过无数水轮发电机、风力发电机、光伏光热装置、海浪发电机等载体，转换成电能，造福全人类。"

中国特高压应势而生，全球能源互联网顺势而行。

煤制油来了，
去煤还是理性地拥抱煤？

煤炭行业这几年很沉闷。

雾霾频发、环境危机，煤炭行业屡受攻击，去煤化的呼声不断高涨。

煤炭行业最近很振奋。

2016年12月，神华宁夏煤业集团有限公司（以下简称"神华宁煤"）400万吨/年煤炭间接液化示范项目建成投产。2016年12月28日，首批产品装车发运，标志着煤制油项目取得阶段性成果。

习近平总书记对神华宁煤煤制油示范项目建成投产做出重要批示，他指出，这一重大项目建成投产，对我国增强能源自主保障能力、推动煤炭清洁高效利用、促进民族地区发展具有重大意义，是对能源安全、高效、清洁、低碳发展方式的有益探索，是实施创新驱动发展战略的重要成果。这充分说明，转变经济发展方式、调整经济结构、推进供给侧结构性改革、构建现代化产业体系，必须大力推进科技创新，加快推动科技成果向现实生产力转化。

宋明霞，《中国经济周刊》2017年1月10日。

黑马腾空,全球瞩目。从传统行业跃升到高科技行业,从"卖炭翁"到"卖油翁",中国煤炭华丽转身、强势转型,遽然刷新公众对其的认知。

这个转身来得强悍。

神华宁煤煤制油示范项目是世界上规模最大的煤制油项目,也是目前世界上一次性投资规模最大的单体化工项目。其承担着37项重大技术、装备及材料的国产化任务,国产化率高达98.5%。

依托项目建设,通过核心技术突破,一大批国内装备制造脱颖而出。如沈阳鼓风机集团研制的压缩机组,倒逼西门子、GE(通用电气公司)等老牌压缩机厂商主动大幅下调国内投标的产品报价;内蒙古北方重工业集团制造的P91产品可完全替代进口,价格较进口下降70%,供货周期由1年缩短至90天;神华宁煤自主研发的"神宁炉"能"通吃"各种煤,西门子因此退出中国煤气化市场。

助力释放国产化产能,一大批国内装备制造企业因此走出国门。如杭州制氧机集团中标伊朗卡维、布什尔等国际大项目;河北钢铁集团舞阳钢铁的钢板畅销中亚、中东地区;神华宁煤的"神宁炉"进入美国市场。

煤制油项目通过国产化的成功示范,打破了煤制油化工核心技术、装备及材料的长期国外垄断，逐步探索出符合我国国情的科技含量高、附加值高、产业链长的煤炭深加工产业发展模式。中国煤化工产业向全球价值链高端跃升。

这个转身来得壮阔。

1953年，中南海菊香书屋，毛泽东主席多次听取以李四光为代表的地质专家的意见，研究中国是走煤制油加工工业之路，还是走开发天然气石油之路。煤制油首次进入高层视野。

以大庆油田为代表的石油大发现后，国人一度认为从此彻底甩掉了"贫油国"的帽子。然而改革开放后，经济快速发展导致石油进口量大增，缺油少气的问题依然严峻。

煤炭间接液化就是将煤炭经过一系列化学反应"变"成油和气，南非沙索尔集团公司是世界上煤炭间接液化方面的鼻祖。早在1997年，中国便开始关注沙索尔。2002年9月，时任国务院总理朱镕基到南非约翰内斯堡参加全球可持续发展会议，在一次圆桌会议上，对在座的南非企业高管明确表态中国需要沙索尔的技术。中国发展煤制油正式提上议事日程。

中国与沙索尔的谈判漫长而艰苦，10年来，对方开出的条件愈加苛刻。

关键时刻，神华集团决定大胆采用具有自主知识产权的中科合成油技术有限公司中温浆态费托合成成套技术，独资建设400万吨/年煤炭间接液化项目。

经过严格的可研预审，2013年9月18日，国家发改委正式批复神华宁煤400万吨/年煤炭间接液化示范项目。2013年9月28日，项目开工建设，历时39个月，一个世界级的超级工程建成投产。

历经半个世纪的艰难求索，中国终于登上了世界煤制油产业的制高点。

这个转身来得犀利。

燃煤被当作雾霾的"元凶"之一，煤制油直指雾霾，其产品直接面对我国燃油产品进行品质升级。

煤炭间接液化项目生产的合成油品，具有超低硫（接近零）、低芳烃、高十六烷值、低灰分的特点，这些指标均优于国Ⅴ和欧Ⅴ标准，有利于降低二氧化硫、氮氧化物、碳氢化合物和颗粒物等污染物的排放，可有效降低城市空气污染。如果该油品在北上广等一线城市推广应用，有助于解决城市汽车尾气污染、雾霾治理问题。

这个转身来得精准。

宁夏地处我国西北部，是典型的富煤区，煤炭所占能源比重超过

90%，探明储量273亿吨，还有全国少见的整装煤田。400万吨/年煤制油项目每年转化煤炭2046万吨，占宁夏全区每年煤炭总产量的20%。

立足资源禀赋，从比较优势到竞争优势，煤制油项目成为宁夏回族自治区和神华集团的一号工程，带动10万人就业。按照2017年1月的国际原油价格，项目达到设计产能，可实现营业收入157亿元，税费54亿元（含消费税），对推进国家"十三五"精准扶贫战略实施、促进宁夏经济社会发展意义重大。

这个转身来得深远。

富煤、贫油、少气是我国的资源禀赋。数据显示，2015年，我国石油净进口量3.28亿吨，对外依存度已超过60%。

高依存度就意味着高脆弱性。在复杂的国际政治经济格局中，过快的油气消费增长和过高的对外依存度，增加了我国经济发展的成本和代价，中国能源安全问题日渐突出。

2016年7月19日，习近平总书记视察煤制油项目时提出，"在西部建设这样一个能源化工基地，特别是建设一个目前世界上单体规划最大的煤制油项目，具有战略意义。该项目的建设，对解决中国油气资源短缺、平衡能源结构、推进国家中长期能源发展战略、降低对外依存度、保障国家能源安全意义重大。"

"理解产业禀赋，方可成功。"2014年，世界竞争战略大师迈克尔·波特建言中国经济。

"忽视资源禀赋，脱离比较优势难成功。"2016年，新结构经济学倡导者、北京大学教授林毅夫呼吁发展中国家做自己。

立足资源禀赋，重塑中国能源体系，煤炭仍是坚实基础。

煤炭不老，变革前行。

能源互联网呈井喷式发展态势，示范引领是关键

能源革命势在必行，新的能源业态——能源互联网蓬勃兴起。

2017年4月21日，由中关村智能电力产业技术联盟和北京智中能源互联网研究院、清华大学联合组织的"能源互联网首批示范项目实施关键技术与商业模式论坛暨中关村智能电力产业技术联盟年会"在北京举行。作为2017年首届IEEE国际能源互联网会议（IEEE ICEI 2017）中的专题论坛，本论坛旨在推动我国首批能源互联网示范项目落地，探讨能源互联网示范项目技术、装备、管控、商业模式等问题，为落实能源互联网示范项目提供思路和方法。

韩英铎：站在智能电网肩上，能源互联网走得更远

"过去一年来，能源互联网在中国大地似乎有井喷式发展的趋势。"中国工程院院士韩英铎有感于2015年3月香山会议时，学界和企业界还缺乏成熟的意见和思路，两年后能源互联网探索已是百花齐放、

宋明霞，经济网2017年5月3日。

百舸争流。

2017年3月，国家能源局对首批56个"互联网"智慧能源（能源互联网）示范项目评选结果进行了公示，推进示范项目已成为社会关注的热点。能源互联网作为新兴的能源业态，一旦形成示范，必将进一步推动我国能源生产、能源消费、能源技术、能源体制的深刻变革。

为什么能源互联网会在中国呈井喷式发展？

韩英铎认为，国家重视、市场需求和技术突破三要素缺一不可。

能源互联网是分散式发展可再生能源、推动能源生产与消费革命的重要抓手，是大势所趋，国家层面给予高度重视。能源互联网试点示范项目的实施，正是国家发改委、能源局、工信部三部委联合下发的《关于推进"互联网+"智慧能源发展的指导意见》文件中阐述的两个阶段中的第一阶段，即"2016年—2018年"试点示范阶段的关键时期。

能源互联网既是市场的创造，又是市场的迫切需求。能源互联网可以有效解决能源发展的众多瓶颈问题，可以就地削峰填谷，高效改善大电网达规模设备冗余难题，中东部发展分布式可再生能源，呼唤能源互联网。

能源互联网是智能电网发展的必然趋势。1997年《清华大学学报》文章中提到电力系统中的三项前沿课题——柔性输电技术、智能控制及基于GPS的动态安全分析与监测系统，今天这些都已成为智能电网的核心技术。

"社会一旦有技术上的需要，则这种需要比十所大学更能把科学推向前进。"重温恩格斯的一段话，韩英铎认为，智能电网是能源互联网发展的重要技术支撑，能源互联网又将催生新一代自动化技术。站在智能电网的肩上，能源互联网可以走得更远。

关于能源互联网的未来，韩英铎认为，"中国能源互联网起势很好，但还需要经历不断地创新驱动，不断地完善的过程。抓住'刚需'、以民为本、注重效益、保证质量，是示范工程的取胜之道。"

李凤玲：示范引领让能源互联网实至名归

能源互联网的试点示范更具挑战性。

能源互联网是最复杂的能源形态，涉及多能源物理系统的耦合，源、网、荷、储、充诸多要素的协同，电子、电力、控制、信息与大数据等技术应用，以及投资经营模式、变革传统的体制和某些规范。

北京智中能源互联网研究院院长李凤玲认为，只有做好试点示范，通过示范引领让能源互联网实至名归，才能切实推动能源革命。

能源互联网试点示范"实"自何来？名归何处？

李凤玲认为，"实"在直面能源实践中的诸多难题。比如，清洁用能、减少碳排放问题；在现行能源体制下，如何解决大量的大面积弃风、弃光和分布式可再生能源充分接入并充分消纳问题；我国能源利用效率低于世界平均水平，如何提高能源利用效率问题；如何提高电力基础设施利用效率，延缓电力能源基础设施的过快增容，从而有效降低能源用户特别是工商用户的用能成本；如何有效解决城市配电网的安全性、可靠性及管理的适应性问题等。

"忽视科学用能，智慧城市不智慧！"李凤玲断言。我国城镇化进程在加快，智慧城市和特色小镇的建设兴起，各地高新技术产业园区和经济技术开发区在升级改造，能源基础设施作为先行者，能源的配置和能源形态的选择不可偏离集约、低碳、高效的基本原则。而传统用能方式、思维模式和利益驱动，很容易忽视这一根本问题，从而为我国城镇化的健康可持续发展留下隐患，至少是重大缺憾。因此，同步解决好巨大的城市增量的科学用能问题，构建充满活力又体现集约与共享的能源生态，值得全社会关注和探讨。

李凤玲认为，能源互联网作为新兴能源业态，有效担当决定了其强大的生命力：

提高能效——通过多种能源的统筹协同和能源的梯级利用，实现其在时间与空间上的有效融合，形成优势互补，充分提高能源的利用效率。

绿色、低碳——通过需求侧分布式可再生能源及余热的开发利用，有效减少碳排放，助推低碳、绿色发展。

为大电网"削冗瘦身"，增进安全——通过源网荷储的能源微网系统，有效增加能源自给率，增强微循环及系统自调自愈能力，有助于大电力系统的"削冗瘦身"及系统安全。

激活能源市场，释放市场红利——通过技术和模式创新，重建能源生产、传输与消费规则，使能源的使用更为便捷和节约，投资更为集约高效，有效释放能源市场"红利"，促进经济、社会转型发展。

重造集约、平等、协同、共享的能源生态——通过互联网、大数据、云服务等信息技术，使能源互联网多边关系更直接、更对等、更协调，使能源生产、需求动态更可预测、可调控，有利于形成多边参与、互动和分享的能源生产与使用氛围。

"现阶段的测算，其边界条件是依现行条件考虑的，实际运营中有两个重要因素必将提升其总体效益，一是增值服务，二是售电市场进一步开放后作为区域大用户的直接交易外供电量，后者将更为重要。"李凤玲特别说明。

李凤玲认为能源互联网试点的6个环节是关键，包括优化方案，设计行之有效的商业模式，先行建设早期可经营子项目，确定适宜的微网与主网关系，制订好的建设发展策略，处理好供能的安全性、经济性和可持续性的关系。

"能源互联网并非科学的预言，而是实践的必然。能源互联网必将成为现代能源的主流业态，无论欢迎与否，它一定要来！"李凤玲坚信。

余贻鑫：可再生能源成为微电网的重要原动力

"大电网对能源互联网的支撑是根本性的，但大量技术的、成本的和社会的因素正汇集在一起，使微电网几乎肯定会成为电力基础设施中最大的变革。"中国工程院院士余贻鑫判断。

微电网实际上就是一个小型的电力系统，由电源、储能、负荷和控制系统等组成，可以说"麻雀虽小，五脏俱全"。与大电网不同的是，微电网采用的电源一般都是分布式可再生能源，比如风力发电机、光伏电池等。

余贻鑫的判断来自以下三方面。

环境社会因素要先考虑。

2015年，中国在巴黎气候大会上承诺，2030年中国单位GDP二氧化碳排放比2005年下降60%~65%。

2015年4月，发改委能源研究所发布"中国2050年高比例可再生能源发展情景暨途径研究"，到2050年可再生能源发电比重将达到85%以上；非化石能源发电比重将达到91%；风电和光电之和占总电量的比重将达到63%。

技术的突破至关重要。

作为全系统的一部分，微电网可以帮助局部平衡负荷与发电，适当设计的微网可有较好的平均容量系数和电能质量。当同大电网互联时，它能提供比大电网单独供电时更高的可靠性和韧性。当灾难来临时，由于其内在发电和局部负荷服务及管理能力的多样性，微网能提供一些解决方案，帮助电网恢复。

经由众多试验项目之后，微电网设计及其与大电网互联的复杂性正在明晰。余贻鑫认为，微网与大电网可以无缝连接，在未来的智能电网中会被广泛应用。

经济性不可忽视。

发电光伏板、变频器和储能设备的成本连续下降。微电网为智能能源网的发展提供了契机，通过热能的梯级利用和多能源网络的综合优化，可使其整体效益明显提升。

余贻鑫认为，可再生能源对互联电网的高渗透率期望，驱动着对分布式电源更多的控制，这也成为微电网的一个重要原动力。

富欣：能源互联网发展面临良好的资本机遇

"资产荒，实体经济回报率下行，稳定高收益资产匮乏。在股市和房市疲软的基础上，符合产业政策，具备稳定回报的互联网能源基础设施项目将成为有价值的投资品。"红杉资本中国基金合伙人富欣认为，能源互联网发展面临着良好的资本机遇。

红杉资本中国基金于2005年成立，专注于新能源等4个方向的投资，已投资500余家拥有鲜明技术和创新商业模式，具有高成长性和高回报潜力的公司。

富欣认为,能源和市场结合的时代已经到来。这个判断基于三方面原因:第一,随着能源体制改革的进程加快,能源生产和消费端的结合将更加紧密;第二,大数据和金融工具优化能源资产定价,项目融资手段丰富,资产证券化、项目收益债和产业基金进一步盘活能源资产;第三,工业领域需求侧管理新转变(从大用户驱动到园区驱动),售电配售一体化—发配售能源互联网的转变,各地微网模式寻求新突破和智慧低碳城市发展需求。上述因素合力推动高效清洁能源资产价格上升。

富欣分析,资本与能源互联网在不同阶段的结合呈不同特点。前期以技术创新阶段股权为主,中期以示范项目阶段股债混合为主,后期以资产运营阶段债权为主。因此,富欣认为,建立灵活的产业基金能够更为有效地推动能源互联网的发展。红杉资本中国基金把能源互联网产业基金的总体目标概括为,以需求侧管理和分布式能源利用为出发点,助推中国能源互联网项目落地,实现用户侧多能源优化运行,达到安全、低碳、高效、环保的目标。

基于总体目标,红杉资本中国基金设定了三大项目遴选原则:第一,符合我国能源革命发展方向,回归能源商品属性,破除垄断,发挥市场配置作用,提高清洁能源利用比例;第二,有助于改善工商业用能效益，降低全生命周期用能成本、提高用能效率、减少用能峰谷差、优化电能质量等；第三，有助于提高分布式能源综合利用水平，加强配用电网络灵活性，增加风、光、燃气、地热等分布式清洁能源的渗透率，协调多能源联合运行，发挥储能系统的经济效益等。

富欣透露红杉资本中国基金的主要投资方向为分布式电源、多能互联、储能和智能微网。

陆佑楣院士的眼神

2018年5月,我去宜昌参加三峡工程研讨会,比多年前首次见到三峡还震撼。

陆佑楣院士坐在我斜对面,两天举行了4场研讨会,这位85岁的老人从头听到尾,没有因故离开会场一次。

我注意到了他的眼神,像个学生,全神贯注地听,不时地记笔记。有时凝神盯着发言者,有时握笔的手支着脸颊低头静思……

从那一刹那起,陆院士的眼神就刻进了我心里。

是否每一颗星都能放射出耀眼的光芒,是否每一朵花都能散发出沁心的芳香,是否每一个人都能创造出一生的辉煌,其实这些都取决于是否与一个伟大事业的结合……

从陆院士的眼神中,我读出了三峡工程的神圣!

与以往技术、工程研讨不同,工程哲学、人文思考是这次会议的重要议题,中国科学院大学教授在三峡大学会堂讲座,陆佑楣院士坐在台下,和学生、员工们一样安静专注地倾听。

这是哲学家与工程师的对话,是16位院士的跨界对话。倾听这次对话，我感受深切：一个世纪工程一定是社会、经济、哲学、人文的综合体！

回京后我大量研读关于三峡的资料，越读越觉得惭愧，越读越钦佩习近平总书记的历史性判断。这样一个从历史深处走来的百年工程，不下功夫做功课哪有话语权？社会各界都应该跳出"我执"，客观、历史地看问题，这才是对民族未来负责任的态度。

当我拖着装满沉重资料的行李箱两度出差，再次返回北京时，《精深开掘百年三峡》的主题清晰可见了。

精深开掘百年三峡

追梦百年，论证半世纪，建设 17 载，运行 16 年。

2018 年 4 月 24 日，习近平总书记考察长江，来到三峡，认为"三峡工程是国之重器"，继而强调"真正的大国重器，一定要掌握在自己手里"。

2018 年 4 月 25 日，美国国家科学院院士、中国科学院院士杨振宁来到三峡，进行了为期 3 天的考察。

2018 年 5 月 9 日，中国工程院 16 位院士来到三峡，共同研讨三峡工程管理。

2018 年 5 月 25 日，推动长江经济带发展领导小组办公室召开会议，时任三峡集团总经理王琳透露将加快组建生态环保集团，发起设立长江绿色发展投资基金。

三峡从哪里来？要到哪里去？习近平总书记三峡行之后，一场跨越百年时空的对话拉开序幕。

宋明霞，人民网 2018 年 6 月 5 日。

从孙中山到习近平，辗转百年圆一梦

兴建三峡工程的设想，最早由孙中山提出。

1918年，孙中山在《国际共同发展中国实业计划——补助世界战后整顿实业之方法》中提出在长江三峡河段修建闸坝，改善航运并发展水电。1924年，孙中山在广州国立高等师范学校做《民主主义》演讲，再次谈到开发三峡水利资源，振兴实业。

1944年，国民政府邀请美国垦务局设计总工程师、享誉世界的坝工专家萨凡奇博士来华，考察后完成了轰动世界的"萨凡奇计划"——《扬子江三峡计划初步报告》，这是第一个比较具体，具有开发水能、改善航运作用的三峡工程计划，后因内战爆发而搁置。

毛泽东为三峡工程勾画出宏伟蓝图。

洪水是中华民族的心腹大患。1949年，新中国成立前，长江发生了大洪水，中下游5省共计死亡5.7万人，受灾农田2715万亩；1954年，长江再度暴发洪水，死亡3.3万人，淹没耕地4755万亩，京广铁路100多天不能正常运行。

治水成为长江流域经济社会发展的头等大事。早在1953年，毛泽东主席就提出了"毕其功于一役"，先修三峡工程的想法。

1956年,毛泽东主席畅游长江,写下《水调歌头·游泳》,"更立西江石壁,截断巫山云雨,高峡出平湖。神女应无恙,当惊世界殊",勾勒出了他对三峡工程的美好愿景。

在苏联专家的协助下,经过3年勘测设计,1958年年底完成了《长江流域综合利用规划要点报告》,明确了三峡工程是长江流域规划中的关键性工程。

1958年2月,周恩来总理率领中国和苏联100多位专家考察三峡坝址和库区。1958年4月,中央下发了关于三峡工程的第一个文件——《中共中央关于三峡水利枢纽和长江流域规划的意见》,三峡工程正式提上了新中国党和政府的议事日程。

由于三年困难时期,国家经济困难及国际形势严峻等原因,三峡工程被暂时搁置。

邓小平为三峡工程果断拍板。

1979年,国家的工作重心转向经济建设。1980年,邓小平视察长江,听取了关于三峡工程的汇报。1982年,他对是否兴建三峡工程果断表态:"看准了就下决心,不要动摇!"

1986年6月—1989年2月,原水利电力部组织412位专家对三峡工程重新论证,最终得出结论:三峡工程对四化建设是必要的,技术上是可行的，经济上是合理的，建比不建强，早建比晚建有利。推荐的方案是一级开发、一次建成、分期蓄水，连续移民。

1994年12月14日，经过40多年反复论证，三峡工程正式开工。

2003年三峡工程实现水库蓄水、五级船闸通航、首批机组发电⋯⋯

习近平为三峡工程做出历史性判断。

"三峡工程是国之重器。试想当年建设三峡工程，如果都是靠引进、靠别人给予，我们哪会有今天的引领能力呢！"考察三峡水利枢纽、登上海拔185米的三峡坝顶，极目远眺万里长江，习近平总书记给予三峡工程高度评价。他强调，"核心技术、关键技术化缘是化不来的，真正的国之重器一定要掌握在自己手里"。

习近平总书记亲临三峡工程考察，是三峡工程百年历史上的一个里程碑。百年三峡从此翻开新篇章。

在世界水电建设史上，三峡是从倡议到建成历时最长的水利枢纽工程。回溯历史，三峡工程身后是对国家、对民族、对历史负责任的几代伟人和英雄建设群体。用历史眼光看三峡，三峡工程是几代人的共同选择，它从历史深处走来，因众绘宏图而成就。

当今世界承担功能最多、综合效益最大的水利枢纽工程

作为治理开发长江的关键性工程,三峡工程建设初期重点关注防洪、发电、航运三大功能,今天已扩展到防洪、抗旱、供水、航运、渔业、旅游、发电 7 项功能全面发挥。

防洪、抗旱、供水 3 项功能不可或缺。

三峡工程处于长江上游来水进入中下游平原河道的"咽喉",可以控制荆江河段 95% 的洪水来量,武汉以上河段 2/3 的洪水来量。

2010 年和 2012 年,三峡工程成功应对了两次洪峰超过 7 万立方米/秒的洪水。2016 年和 2017 年,长江中下游区域性大洪水,三峡工程有效控制了下游水位未超过保证水位。

截至 2017 年年底,三峡水库累计拦洪 44 次,干流堤防未发生一起重大险情。据中国工程院 2014 年关于三峡工程试验性蓄水阶段评估的估算,三峡工程多年平均年防洪效益为 88 亿元,防洪减灾效益显著。

三峡工程建成后,凭借良好的调节性能,水库拦洪补枯,形成近 400 亿立方米的巨大淡水资源,对于枯水期向下游正常补水及突发情况下的应急补水具有重要作用。

航运、渔业、旅游 3 项功能极为重要。

自古川江不夜航。三峡工程蓄水后，消除了139处急流滩、险滩和浅滩，改善了宜昌至重庆660公里航道的通航条件，航道维护水深从2.9米提高到3.5~4.5米，航行船舶吨位从1000吨级提高到了3000~5000吨级，航道等级从三级升为一级，实现了全年全线昼夜通航。

三峡工程加速推进了长江经济带的形成和发展。

三峡船闸是目前世界上连续级数最多、总水头最高、规模最大的内河船闸，自2003年投入运行至2017年年底，已连续14年实现安全、高效运行。三峡船闸过闸货运量逐年递增，2011年首次突破亿吨，提前19年达到设计能力。2014年至2016年，连续3年突破亿吨。2016年9月，三峡升船机启动试通航，进一步增强了三峡工程的通航调度灵活性和保障能力。

到2017年年底，通过三峡枢纽断面的货运总量达12.6亿吨。2017年三峡过闸大宗散货水运运价约为0.02元/吨，是铁路运价的1/8，公路运价的1/30~1/20。

长江成为名副其实的黄金水道。

三峡水库蓄水后，库区及上游经济鱼类资源增加，2011年开始实施库区生态调度，促进了中下游经济鱼类的繁殖。

"中华鲟和三峡珍稀植物的保护，是三峡工程生态环境建设的两张名片"，三峡集团科技与环境保护部主任孙志禹介绍。

2009年，中华鲟全人工繁殖获得成功，全世界第一尾中华鲟全人工繁殖幼苗（子二代）在三峡集团中华鲟研究所三峡坝区临时基地诞生，这是中华鲟保护工作中具有历史意义的成果。

"三峡工程的建设，到目前为止没有造成物种灭绝，三峡水库水质保持总体良好"，三峡集团副总经理林初学表示。

2010年10月26日，三峡水库蓄水至175米，"高峡出平湖"盛景呈现，长江航运面貌焕然一新。

发电规模和环境效益凸显。

三峡电站地处华中腹地，电力系统覆盖了长江经济带，对全国电网互联互通起到了关键作用，成为"西电东送"的中通道，实现了华中电网与华东电网、南方电网直流联网，与华北电网交流联网，形成了水火互济的新格局。

截至2017年3月1日，三峡电站累计发电量突破1万亿千瓦时，成为我国第一座连续14年安全、稳定、高效运行，发电量突破万亿千瓦时的水电站。

"1万亿千瓦时相当于在我国增加了1/3个大兴安岭"，三峡集团时任宣传与品牌部主任杨骏说。

按照中国电力企业联合会（以下简称"中电联"）每年发布的标准煤耗估算，2003—2017年三峡累计发电量相当于替代标准煤3.6亿吨，减排二氧化碳8亿吨、二氧化硫990万吨、氮氧化合物476万吨、一氧化碳8万吨。

据中国工程院2014年独立评估，按照碳排放交易价格估算，三峡电站的二氧化碳减排效益达539亿元。

镇锁洪魔，护佑荆江两岸；水力发电，构筑清洁能源动脉；改善航运，畅通黄金水道；供水补水，涵养流域生态……作为世界上承担综合功能最多的水利水电项目，三峡工程发挥的效益惠及民生的方方面面。

引领长江经济带高质量发展

来时路很长，未来路更长。

对于三峡工程的思考，没有因工程竣工而结束，也不会随工程验收而停止。

"长江经济带是'一带一路'在国内的主要交汇地带，应该统筹沿海、沿江、沿边和内陆开放，实现同'一带一路'建设有机融合，培育国际合作竞争新优势"，习近平总书记2018年4月26日上午在考察长江途中强调。

2018年5月9日至12日，16位中国工程院院士来到宜昌三峡坝区。

看电站、过船闸、走库区、开研讨会，院士们的讨论无处不在。

大国工程看三峡。

"作为一个中国人，不到三峡工程来看看，就不了解现代化的中国"，院士胡文瑞说。他认为，作为一个世纪工程，三峡工程体现的是工程造物精神，代表的是中国工程建造水平，创造的是中国水电工程建造文化。

全流域视角看三峡。

以三峡工程为中心的清洁电网格局正在形成。

继三峡工程竣工后，三峡集团继续推进金沙江下游水电工程建设。2014年7月，向家坝、溪洛渡两座电站全面投产发电，长江干流第二个"三峡工程"建成投产。2011年，乌东德、白鹤滩电站开始筹建，预计2023年将建成长江干流的第三个"三峡工程"，届时将形成世界上最大的清洁能源走廊。

"实践证明,三峡工程已成为服务长江经济带高质量发展的坚强支撑,是全面建成小康社会的基础性工程,是中华民族伟大复兴的标志性工程",中国工程院副院长赵宪庚院士在研讨会上表示。

让三峡工程成为真正的世纪生态工程。

殷瑞钰院士认为,三峡工程体现的是适应自然、适度发展自然、领先自然的理念,而不是人定胜天。随着共抓长江大保护时代的到来,三峡工程的水资源利用、生态调度功能正在突出,而且应该进一步突出。

"三峡工程开启了中国重大建设工程环境保护管理的历史,做了大量的工作,取得了实效。但值得注意的是,三峡工程的环境保护问题和整个长江流域的环境保护问题不同,需要去厘清。"王金南院士提议。

"自三峡工程建设以来,三峡库区的生态环保工作取得了重大成果。但是不可否认其环保难度依旧很大,其中牵涉到多方因素,不是一个企业能解决的。"蒋士成院士建议,由相关部门共同参与解决长江流域的生态问题,促进长江经济带高质量发展。

更深层次地推动对三峡工程的认知。

"三峡工程立了个高标杆,并提供了撑杆,让以哈尔滨电气、东方电气为代表的中国制造业借势跳过去,达到了领先世界的高度。"饶芳权院士认为，自力更生、自主创新是三峡工程的伟大精神，有必要让更多的人了解。

"三峡工程是治水文明史上的一件大事，要认清这个百年圆梦工程的3个递进阶段，认清其综合效益的巨大作用，以及为了人类可持续发展的未来这一本质。"作为三峡工程论证、决策、建设等阶段的亲历者，陆佑楣院士主张从哲学高度认识三峡工程。

"三峡工程对于整个国家和民族有非常重大的意义，这是非常幸运的一件事情，请继续努力下去！"杨振宁院士在三峡大学寄语参加座谈会的年轻人。

中电联：
中国电力 40 年，六大成就世界瞩目

改革开放 40 年来，中国电力六大成就世界瞩目。

2018 年 10 月 15 日，北京中国国际展览中心，"改革开放 40 周年电力成就展暨第十七届中国国际电力设备及技术展览会"开幕。本次成就展由中国电力企业联合会、国家电网有限公司、国家能源投资集团有限责任公司、中国长江三峡集团有限公司等 16 家单位联合主办。

展会同期召开纪念改革开放 40 周年电力行业高峰会。中国电力企业联合会理事长、全球能源互联网发展合作组织主席刘振亚发表讲话。他说："40 年来，中国电力工业实现跨越式发展，为经济社会发展提供了坚强保障；中国电力工业坚持高效清洁发展，为生态文明建设和应对气候变化做出了突出贡献；中国电力工业坚持创新驱动发展，推动中国从电力大国走向世界电力强国，取得了举世瞩目的伟大成就。"

宋明霞、林非，经济网 2018 年 10 月 16 日。

建设规模飞速发展,强力保障经济社会

2017年年底,中国电力总装机、年发电量、人均装机分别达到17.7亿千瓦、6.4万亿千瓦时、1.28千瓦,是1978年的31倍、25倍、21倍;2011年,中国发电装机容量与发电量超过美国,成为世界第一。2017年年底,中国35千伏及以上输电线路长度达182.6万千米,变电设备容量达66.3亿千伏安,是1978年的7.9倍、52.6倍;2009年,中国电网规模超过美国,跃居世界第一;经过40年建设,电网主网架由220千伏提升至500(750)千伏,实现了全国联网;特高压1000千伏交流、±800千伏直流输电线路相继投运,中国电网已成为世界最大的交直流混合电网。2017年,全国用户供电可靠率达到99.814%,平均停电时间为16.27小时,较1985年降低超过100小时,电力供应安全、稳定、可靠。

能源结构持续优化,能源转型成就斐然

2017年,中国非化石能源装机6.9亿千瓦、发电量1.9万亿千瓦时,约占总装机容量的38.8%、年发电量的30.3%。2017年中国水电装机3.4亿千瓦,是1978年的20倍,水电装机容量、发电量均居

世界第一。1986年中国建成第一座并网风电场，2010年风电装机突破4000万千瓦，超越美国成为世界第一，到2017年风电装机达1.6亿千瓦。1983年中国建成第一座光伏电站，2015年光伏电站装机突破4000万千瓦，超越德国成为世界第一，到2017年光伏电站装机达1.3亿千瓦；1991年中国第一座核电站并网发电，2017年核电装机3582万千瓦，在建容量2100万千瓦，分列世界第四和世界第一。经过40年发展，中国30万千瓦及以上火电机组装机容量占全国火电装机容量的比重，由1978年的3.82%提升至2017年的73.69%；总装机百万千瓦以上的发电厂数量，由1978年的2座提升至2017年的449座。

电力节能减排成效显著，推进生态文明建设

中国煤电机组发电效率、资源利用水平、污染物和二氧化碳排放控制水平，均达到世界先进水平。2017年，全国电力烟尘、二氧化硫、氮氧化物排放量分别为26万吨、120万吨、114万吨，较1990年下降336万吨、297万吨、114.7万吨，每千瓦时火电发电量的烟尘、二氧化硫、氮氧化物排放量分别为0.06克、0.26克、0.25克，处于世界先进水平。2017年，全国6000千瓦及以上火电厂供电标准煤耗309克/千瓦时、厂用电率4.8%，分别较1978年降低162克/千瓦时、

1.81%；电网线损率 6.48%，较 1978 年降低 3.16%。燃煤电厂 100% 实现脱硫后排放，92.3% 的火电机组实现烟气脱硝，累计完成燃煤电厂超低排放改造 7 亿千瓦，占全国煤电装机容量的 70%。2006—2017 年，通过发展非化石能源、降低供电煤耗和线损率等措施，电力行业累计减少二氧化碳排放 113 亿吨。

电力科技日新月异，自主创新国际领先

中国超超临界机组实现自主开发，主要参数达到世界先进水平；百万千瓦空冷发电机组、二次再热技术、大型循环流化床发电技术世界领先，大型整体煤气化联合循环发电系统（IGCC）、大型褐煤锅炉具备自主开发能力。中国水电在规划、设计、施工、设备制造等方面，均处于世界领先地位，多项新、老坝型世界纪录被中国打破，80 万、100 万千瓦水轮机组制造技术中国独有。中国"华龙一号"三代核电技术研发和应用走在世界前列。中国风电已形成较完整的大容量风电机组设计、制造体系，单机容量 5MW 风电机组已批量投产、6.7MW 机组已投入试运行。中国已全面掌握特高压输电技术，智能电网、大电网控制等技术取得显著进步，电网的总体装备和运维水平处于国际引领地位。国家科学技术进步奖设立以来，截至 2017 年，电力行业共获得特等奖 2 项、一等奖 19 项、二等奖 123 项。

国际合作全面深化,"一带一路"彰显风采

中国电力企业成功投资运营菲律宾、巴西、葡萄牙、澳大利亚、意大利、希腊等国的骨干能源网。以EPC(指公司受业主委托,按照合同约定对工程建设项目的设计、采购、施工、试运行等实行全过程或若干阶段的承包)为重点,中国电力企业建立了资金、技术、标准、管理全方位"走出去"的国际产能合作模式,实现了规划设计、装备制造、运营管理的全产业链"走出去"。"一带一路"倡议提出5年来,中国主要电力企业在"一带一路"相关国家实际完成投资3000万美元以上的项目50多个,累计实际完成投资80亿美元;签订电力工程承包合同494个,总金额912亿美元。截至2017年,中国电力行业加入了125个国际行业技术组织与机构,102位专家、学者在上述组织担任重要职务,中国在世界能源电力领域的话语权全面提升。

管理水平不断提高,人才素质持续提升

40年来,电力企业坚持以人为本,推进管理创新,提升企业管理水平,提高发展质量和效率效益,电力行业总资产达到13万亿元,21家电力行业企业进入世界500强,通过大力实施"人才兴企""人才兴

业"战略，培养和打造了作风硬、素质高、能力强的广大电力员工队伍。2012至2017年，16家大型电力企业正式员工数量从191.7万人增长至221.5万人，本科以上学历比重从30.8%提高至45.3%，国家级优秀人才增加近一倍。广大电力干部员工自觉服务党和国家工作大局，大力弘扬"诚信、负责、合作、创新"的行业文化，在重大工程建设、重大科技攻关、重大活动保电、抗击自然灾害、供电服务保障、海外市场拓展等领域勇于担当、攻坚克难，涌现出一大批先进事迹，展现了中国电力人拼搏进取、创新奉献、追求卓越的精神风貌。

与成就展同期举办的第十七届中国国际电力设备及技术展览会，来自全球20多个国家、近1000家电力装备企业参展，并举办了驻华使节走近中国电力、雄安新区电力发展与建设规划、电力安全与应急管理等专题活动。国家能源投资集团有限公司总经理凌文、中国长江三峡集团有限公司总经理王琳、中国电力建设集团有限公司董事长晏志勇、中国能源建设集团有限公司（以下简称"中国能建"）时任总经理丁焰章、中国南方电网有限责任公司（以下简称"南方电网"）时任副总经理毕亚雄等在论坛上发表演讲。

电力大咖"脱口秀"冲击波

估计作为主办方的中国电力企业联合会也没料到,"纪念改革开放40周年高峰论坛"如此富竞争性,如此有长尾效应。过去了一个多月,论坛的效应仍在业界冲撞激荡。

2018年10月15日,北京老国展会议室,中电联党组书记、常务副理事长杨昆主持会议,他的主持风格依然是热情洋溢、不疾不徐。中电联理事长刘振亚、国家能源局监管总监李冶相继致辞后,七大电力企业老总做主题发言。

凌文潇洒登场。作为国家能源集团总经理,凌文的讲话很"环保",随身不带一纸讲稿。

凌文显然是"有备而来"。经过联合重组,拥有35万名员工的国家能源集团要展示怎样的风貌?站在改革开放40周年电力纪念大会的历史舞台上,国家能源集团需要不拘一格、别开生面的表达。

立足资源禀赋,建设具全球竞争力的电力科技节能环保版块,凸显核心竞争力是凌文的演讲重点:

解决了煤炭高效利用的难题——创造了举世瞩目的世界奇迹,建

宋明霞,《中国电力企业管理》、人民网2018年12月6日。

成了世界首台百万千瓦超超临界二次再热发电机组，综合指标世界最优；

解决了劣质煤高效利用难题——建成了世界首台30万千瓦亚临界、60万千瓦超临界循环流化床燃煤发电机组；

解决了煤炭清洁利用的难题——新建世界首台超低排放的燃煤发电机组，烟尘、二氧化硫、氮氧化物等主要污染物的排放浓度远低于燃气发电机组国家强制排放限值。

"2016年7月19日，习近平主席视察国家能源集团，在煤制油现场，提出'社会主义是干出来的'的伟大号召，极大地鞭策、鼓舞了干部职工，成为不忘初心、砥砺前行的不竭动力。"凌文激情洗练的演讲到此结束。

晏志勇信步走来，也是"环保模式"。

对照中电联发来的会议资料，晏志勇显然是临时决定脱稿演讲的。拥有35万名员工的中国电建，其足迹遍及世界120多个国家，挑战无处不在，挥洒软实力，晏志勇当仁不让。

中电联"搭擂台"，电力老总"脱口秀"，现场参会者的情绪被前所未有地调动起来。

晏志勇用"三个一流"总结改革开放40周年：

设计能力世界一流——2018年中国电建位居ENR全球工程设计公司150强第二位，中资企业第一位，是ENR全球第五大工程承包商，中国电建长期深耕"水""电"核心业务领域，奠定了国内乃至世界水电行业的领军企业地位，是全球水电、风电、光伏发电建设的领导者；

工程技术能力世界一流——中国电建拥有世界一流的综合工程建设施工能力、世界顶尖的坝工技术、世界领先的水电站机电安装施工、高等级铁路工程施工、城市轨道交通工程施工、地基基础处理等技术，具有大中型水利水电工程及城市、交通、民生基础设施工程设计、咨询及监理、监造的技术实力；

总体解决方案世界一流——中国电建从战略高度出发，不为了项目而项目、不为了投资而投资，在获得企业自身合法收益的同时，发挥优势为所在国更好地解决有关问题，提出总体解决方案，"懂水熟电、擅规划设计、长施工建造、能投资运营"是公司参与全球工程建设领域的核心竞争力，全产业链一体化成为中国电建的核心能力和比较优势。

"改革开放40年，是中国电建以先进的技术、优良的质量，打造全球能源电力第一品牌的40年。面对新起点、新挑战，中国电建准备好了，让我们一起努力！"晏志勇以强大的号召力结束演讲。

"能建和电建是同类项，还是电建晏总水平高，脱口秀讲得好，我还得打草稿，离开草稿就跑调"，接下来登场的中国能建总经理丁焰章率性调侃。

世界电建看中国。多年来，这两家兄弟单位砥砺前行，合力把行业推向世界一流。

接下来谁来脱口秀？现场听众翘首期待。

毕亚雄娓娓道来。作为南方电网副总经理，毕亚雄从水电老兵转战到南方电网，虽谦称自己尚在学习，脱稿演讲却对南方电网的业务数据如数家珍。

毕亚雄盯住目标讲目标。务实目标直达最高宗旨——人民电业为人民。确保2020年完成"185611"目标，即南方电网中心城区客户平均停电时间低于1小时，客户服务第三方满意度不低于80分，非化石能源电量占比不低于50%，净资产收益率不低于6%，累计有效专利拥有数不低于10000项，境外资产占比不低于10%。

毕亚雄重点解读国际拓展战略：

电力贸易量大增——结合地缘优势，南方电网从2004年开始分别与越南、老挝、缅甸建立起初级电力贸易关系，截至2018年，年电力贸易量已达到30~40亿千瓦时；

电网互联互通加速推进——配合中老铁路通车，2020年通车前中老 500 千伏联网提前贯通，中缅孟三国的 500 千伏互联互通有望在 2019 年核准，中越电网互通从过去的 110 千伏上升到了 220 千伏，现在按照新规划 500 千伏开始贯通，在直接接壤的中老、中越、中缅 500 千伏接通后，南方电网进一步推进中老越、中老泰、中缅泰电网互联，把东南亚互联互通落到实处。

"把电力体制改革落到实处，把电力体制改革推向新的高峰。"毕亚雄的脱口秀低调开启，高调结束。

一场脱口秀如同 40 周年纪念大会一样成为历史，在场听众意犹未尽。

改革开放 40 年，中国电力强劲支撑经济社会发展。改革开放 40 年，中国电力工业到底走得多远，变得多强？

用数据来说话。

31 倍——2017 年，中国发电装机容量是 1978 年的 31 倍，早在 2011 年就超过了美国，位居世界第一。

25 倍——2017 年，中国发电量是 1978 年的 25 倍，早在 2011 年就超过了美国，位居世界第一。

7.9 倍——2017 年年底，中国 35 千伏及以上输电线路长度达 182.6 万千米，变电设备容量达 66.3 亿千伏安，分别是 1978 年的 7.9

倍、52.6倍，早在2009年电网规模就已超过美国，跃居世界第一。

……

不妨再看几个"第一"。

水电第一——2017年中国水电装机达3.4亿千瓦，是1978年的20倍，水电装机容量、发电量均居世界首位。

风电第一——1986年中国建成第一座并网风电场，2010年风电装机突破4000万千瓦，超越美国成为世界第一，到2017年风电装机达1.6亿千瓦。

光伏第一——1983年中国建成第一座光伏电站，2015年光伏电站装机突破4000万千瓦，超越德国成为世界第一，截至2017年光伏电站装机达1.3亿千瓦。

核电第一——1991年中国第一座核电站并网发电，2017年核电装机达3582万千瓦，在建容量达2100万千瓦，分列世界第四和世界第一。

清洁煤电第一——截至2017年年底，中国累计完成超低排放改造5.3亿千瓦，累计完成节能改造5.2亿千瓦，煤电清洁发电总量位居世界第一，单位煤电发电量排放绩效达到世界领先水平。

……

电力成就彰显中国实力,电力实力代表中国信心。

能源重塑中国,能源重塑世界。中国能源转型空间巨大,世界能源合作空间巨大。电力报国,共建人类命运共同体,中国电力人时刻保持前进的状态。

百年电力史,大国正青春。

未来已来

电力是工业化进程的助推器，每一次转型都有力地推动了社会文明的进步。从安全发展到清洁发展再到低碳发展，从2030年碳达峰到2060年碳中和，中国电力正以更加积极的姿态推动行业高质量发展，推动经济社会环境可持续发展。

新能源搭上"云"快车

2030年左右碳排放达到峰值，2060年前实现碳中和，我国应对气候变化的目标明确而坚定，风电光伏等新能源是强大支撑。作为新能源行业的"数据大脑"，以破解消纳难题、壮大新能源为目标，国家电网新能源云正通过数字化、智能化强力赋能新能源。

光伏大规模"飞入寻常百姓家"

"太方便了，真的是躺着赚钱"，通过新能源云APP，每天看着自家几十平方米屋顶的阳光慢慢变成钱，家住湖北孝感的吴东乐开了花。

2019年，吴东在初步了解太阳能发电相关知识后，决定在自家屋顶安装分布式光伏，但申请、设计、设备选型、安装等复杂流程让他望而却步。一次偶然的机会，他抱着试试看的态度安装了新能源云APP，按照要求提交了服务预约，当天工作人员就上门查看了屋顶情况，并出具了光伏发电建设方案。

一揽子服务让吴东惊讶于整个过程之简单。通过新能源云APP，

宋明霞、张振兴，《民生周刊》2021年1月19日。

可以看到自家电站的发电量、电费收益，一旦电站出现问题，监测平台就会通过APP预警及时通知维修人员。

新能源实现云化后，彻底打破了上下游信息壁垒，带来了申请阶段、设备选型、运营维护、结算的全流程便利。

申请阶段：基于当地气象、用电负荷、新能源补贴政策等历史数据进行经济测算，提升投资效率，保证普通居民、工商业用户收益。

设备选型：为装备制造厂商、系统集成商、行业协会及金融机构等用户提供设计施工、设备采购、监测运维、产品追溯、金融交易及行业分析等一体化服务，实现运行设备与各类厂商之间的互联互通。

运营维护：实现分布式光伏设备在线状态监测。通过新能源云APP，用户实时跟踪设备运行状态，并结合气象、历史发电数据进行发电预测。

结算：支撑国网公司分布式光伏业务管理，打造全流程服务，利用电e宝开展自然人、非自然人分布式光伏上网电费及补贴结算业务。

国家电网新能源云主设计师刘劲松认为："新能源云是全流程一体化线上服务平台，提升了光伏市场资源配置的效率，大幅度降低了企业和用户的成本，让分布式光伏大规模'飞入寻常百姓家'成为可能。"

长期面临诸多挑战的新能源迎来重大转机。

新能源消纳难题有望彻底解决

"新能源发展的最大问题是消纳。"2020年12月21日，国务院新闻办举行的发布会上，国家能源局局长章建华回答记者提问时表示。

吉林省是我国九大千万千瓦级风电基地之一，风能、太阳能资源丰富，而当地新能源企业却饱受"窝电"之苦。随着新能源云的部署实施，新能源消纳难题得以破解。

华能集团吉林发电有限公司是首批入驻国家电网新能源云的发电企业之一，旗下有6个新能源电站，装机120.79万千瓦。作为首批享受新能源云数字化红利的企业之一，公司规划部副主任曹世伟介绍："企业入驻国家电网新能源云，并网申请、审批流程均在线上，并网速度很快。新能源企业早一天并网，就意味着实实在在的效益。"

新能源云打通并网申请、审批环节，实现审批流程云化，将业务环节从原来的34个降低至19个，效率提升了近3倍。

新能源云正在勾勒一整套新能源消纳解决方案。

项目建设前期：充分挖掘国家电网负荷运行、输电通道、建设运行等数据，结合当地风光资源、气象，通过科学的模型对项目进行经济评估，从源头上解决电站建设的并网问题、消纳问题。

项目运行期间：打通电源侧、电网侧、用户侧各类型储能电站的运行状况数据，为国家储能建设发展、促进新能源消纳等分析研究提供数据支撑，带动储能合理布局，促进源、网、荷、储协调发展，助力各种新能源储能联合项目参与电力市场辅助服务，支撑新能源大规模开发利用。

"不稳定性是新能源的主要消纳难题，传统的数控技术难以有效控制。引入 5G 技术，新能源设备数据采集从分钟级上升到毫秒级，可实现有效控制调节，消纳难题有望彻底解决。"华为电力行业解决方案高级架构师李涛表示。

新能源云带给行业的惊喜还不仅于此。

刘劲松认为："新能源云充分挖掘国家电网能源大数据资源及技术优势，实现大型新能源电站的规划、建设、运维与电网调度、交易中心等数据交互，全面推动新能源企业的数字化转型，不仅大规模促进了新能源消纳，还进一步探索了电站全生命周期管理模式，提升了经济效益，降低了开发和运维成本。"

"滴滴电工"与全新服务体系

新能源云带来了产业模式和应用创新。

张轩阁是黑河英大新能源科技有限责任公司的运维工程师，在黑龙江省黑河市新能源接入新能源云后，他有了新职务——"滴滴电工"，就像滴滴司机一样用手机接单，为用户提供电力服务。

"电工多劳多得，积极性很高。用户可以在手机上评级，对我们的工作也是促进"，作为当地评级最高的"滴滴电工"，张轩阁有着强烈的自豪感。

新能源云利用互联网平台，通过"滴滴"模式，最大限度盘活辖区内的运维专业力量，降低了企业运维成本，提升了运维效率，黑河市分布式光伏迅猛发展。

新能源云带来了新能源生态系统的进一步优化。

2019 年，国家电网在试点省份部署建设新能源云平台，13 家省级电网企业初步实现新能源业务集成和数据贯通。吉林省电力有限公司是试点省级电网企业之一。

"吉林地区新能源互联网生态圈日趋成熟，新能源云超级大脑功能正在显现。为发电企业提供新能源项目并网运行、交易结算、补贴发放等全流程一站式线上服务，业务办理流程简化30%。"吉林省电力有限公司发展策划部前期处处长朴哲勇透露。

依托新能源云平台，吉林省电力有限公司全程线上办理可再生能源项目补贴，实现发展、调度、财务、交易等专业项目一一对应、不重不漏，新能源发电项目补贴申报共计119项，申报完成率为100%。

华北电力大学教授曾鸣认为："作为'超级大脑'，新能源云以数字驱动方式实现全流程业务贯通，形成全环节、全贯通、全覆盖、全生态、全场景服务生态圈，改变的不仅是服务模式，更是服务理念的彻底转变。"

国务院参事，中国可再生能源学会理事长石定寰认为：新能源云凸显了数字经济在保障中国能源转型方面的重要作用，将助力实现碳达峰、碳中和目标。其出现恰逢其时，未来的龙头作用将逐步显现。

杨昆：
加快推动电力三大变革，实现绿色低碳转型

"电力发展重在加快推动三大变革，提质增效，实现绿色低碳转型"，中电联党组书记、常务副理事长杨昆在 2018 年 3 月 23 日召开的经济形势与电力发展分析预测会上表示。

碳排放权交易直接倒逼电力企业提质增效

杨昆分析，发电行业全国碳排放权交易市场进入实质性建设阶段，将全面完成全国统一的数据报送系统、注册登记系统、交易系统、市场管理制度等基础建设。电力低碳环保要求更严，碳排放权交易直接倒逼电力企业提质增效。煤电企业将全面进入"按证排污"阶段，环保责任更加清晰、环保重点更加明确。煤电企业要深入研究碳交易市场，严控增量、整顿存量，继续推进超低排放建设与改造，认真落实淘汰、关停不达标的 30 万千瓦以下机组，促进煤电转型升级和结构优化。实

宋明霞、林非，经济网 2018 年 3 月 29 日。

践最先进的燃煤发电除尘、脱硫、脱硝、节能、节水、节地技术，研究碳捕捉与封存及资源化利用技术，进一步降低排放总量，提升环保水平。

为此，需要着力解决清洁能源消纳问题，补齐系统短板，多渠道拓展可再生能源消纳能力，优化可再生能源发展布局，优化调度运行，提升可再生能源电力输送水平。完善电网结构，优化主网架布局和结构，加强区域、省间的电网互济能力，推进智能电网建设，提高电网运行效率和安全可靠性。

培育新动能，推动电力生产消费新模式和新业态发展

关于如何加快推动电力发展效率变革，杨昆认为要在以下几方面着力。

聚焦重点领域和关键环节，深入推进电力全链条体制机制改革创新，深化要素市场化配置改革，加快电力市场化建设，完善市场机制与政策体系。

建立可再生能源消纳激励机制，完善可再生能源发电价格形成机制。

加快攻关700℃超超临界发电技术，推进自主知识产权60万千瓦级超超临界CFB（循环流化床）发电技术示范，加快燃煤与生物质耦合发电关键技术的研发与应用。

关于如何加快推动电力发展动力变革，杨昆概括为以下3个方面。

加快重点技术与装备创新，深入推进先进燃煤发电、煤炭清洁转化、模块化小型堆安全先进核电、新能源、储能技术试验示范工程建设，推进核电、大容量柔性输电等智能电网的关键设备研制和示范应用。

加快推进智慧能源技术装备的研发和应用，将发电、输配电、负荷、储能融入智能电网体系中，加快研发和应用智能电网、各类能源互联网的关键技术装备。

积极培育发展新动能，推动电力生产消费新模式、新业态发展。开展发电过程智能化检测、控制技术研究与智能仪表控制系统装备研发，攻关高效燃煤发电机组、大型风力发电机组、重型燃气机组、核电机组等领域的先进运行控制技术与示范应用。推进特高压输电、大容量断路器、直流断路器、大容量柔性输电等先进电网技术的研发与应用，开展大容量机电储能、熔盐蓄热储能、高效化学电池储能等多种储能示范应用。推进微电网关键技术、高温超导等前沿技术领域的研究。推进能源互联网、多能互补集成优化、微电网等示范工程项目建设。

从点亮中国到点亮世界

——中电联举办 2018 "中国电力主题日"

中国有电 136 年

2018 年 7 月 26 日,为纪念中国有电 136 周年,中国电力企业联合会(以下简称"中电联")举办了 2018 年"中国电力主题日"活动,以"一带一路,点亮世界"为主题,向社会各界集中展示了电力企业在推动"一带一路"建设中做出的努力和贡献。

活动主会场设在北京,分会场设在老挝。活动由中国电力建设集团有限公司(以下简称"中国电建")协办。

国务院国有资产监督管理委员会(以下简称"国资委")行业协会商会时任党建工作局局长张涛、时任国际合作局副局长张发卫、时任商务部合作司副司级商务参赞韩勇,巴基斯坦驻华使馆副馆长兼公使穆塔兹·扎拉·布洛奇,中电联党组书记、常务副理事长杨昆出席活动。中国电建党委书记、董事长、中电联副理事长晏志勇致辞,张发卫、

宋明霞、张弛,经济网 2018 年 7 月 26 日。

韩勇、杨昆分别讲话。会议由原中电联党组成员、专职副理事长兼秘书长于崇德主持。

一带一路，点亮世界

杨昆全面总结了电力行业积极推动"一带一路"建设取得的丰硕成果。

2013—2017年，我国主要电力企业在"一带一路"相关国家，年度实际完成投资3000万美元以上的项目50多个，累计实际完成投资80亿美元；签订电力工程承包合同494个，总金额912亿美元；成功投资运营菲律宾、巴西、葡萄牙、澳大利亚、意大利、希腊等国骨干能源网。三峡集团境外总资产1150亿元、发电装机容量1640万千瓦、年发电量400亿千瓦时，国际业务年收入200亿元、利润50亿元。国家电网管理的海外资产达655亿美元，华能集团境外发电装机容量超过1000万千瓦，南方电网、大唐集团、华电集团境外总资产分别达437亿元、130亿元、200亿元。

据不完全统计，2013至2017年，我国电力设备直接出口总额达62.84亿美元、技术直接出口总额达22.48亿美元，境外工程带动电力设备出口总额达177.68亿美元、带动技术出口总额达51.22亿美元。"中国制造""中国建造"和"中国服务"受到越来越多国家的欢迎。

杨昆特别强调了以下3个方面。

5年来,习近平总书记见证了一系列电力国际合作协议的签署,多次出席电力国际合作项目的开工、竣工仪式,这充分体现了党和国家对电力国际合作的高度重视,彰显了电力行业在"一带一路"建设中的重要地位。

全球能源互联网理念得到广泛认同,为国际能源电力发展贡献了中国智慧。全球能源互联网发展合作组织的成立,开启了全球能源互联网的新纪元;合作组织先后发布全球能源互联网发展战略、骨干网架研究、标准体系研究、技术装备创新行动纲要等多项成果,提出了110多项跨国跨洲联网重点项目,为全球能源互联网发展提供了理论支撑和行动指南。

中国电力企业坚持互利共赢,合作成果惠及各方,为建设人类命运共同体做出了积极贡献。中国电力企业投资或承建的电力项目,在所在国经济发展中起到了重要的促进作用。中国电力企业在项目建设过程中,坚持本土化运营,促进当地就业;支持贫困地区设施建设,改善当地民生;尊重当地文化风俗习惯,提升文化认同感,为项目所在地带来了切切实实的经济、社会、环保效益,促进了项目所在地的可持续发展。

会上,杨昆还介绍了中电联积极服务电力企业"走出去"所做的工作。近年来,中电联先后成功举办东北亚区域电力联网与合作论坛、"加快构建全球能源互联网、服务'一带一路'建设"论坛,促进各方交流;组织申报12项国际标准提案,3项已发布,8项已立项,完成82项行业标准的英文翻译工作;牵头成立中国电力国际产能合作企业联盟,积极推动电力项目纳入政府间国际产能合作重点项目清单。首次开展"一带一路"电力合作项目(孟加拉国帕亚拉 $2\times660MW$ 燃煤电站项目)的工程质量监督;与国际能源宪章成立联合研究中心,开展相关政策研究,积极参与全球能源治理。

杨昆建议,电力企业要紧密团结在以习近平同志为核心的党中央周围,坚定信心,准确研判,认清和平发展、开放合作、互利共赢是世界发展潮流,变革创新、走向国际、扩大开放是行业发展大势,进一步加强协作,共同擘画电力国际合作新蓝图。电力国际合作要坚持政府推动、企业主导、社会参与、商业运作的原则;电力企业要积极履行社会责任,重视企业海外形象建设,建立国际化经营理念,加强国际化人才培养和自主创新能力建设;政府、企业都要强化风险防范意识,提升风险应对处置能力。中电联也将进一步提高服务电力企业"走出去"的能力。

中国电建、国家电网、南方电网、大唐集团、华电集团、三峡集团、中核集团、全球能源互联网合作组织等单位的负责同志都在活动中交流了"一带一路"电力建设的经验和做法。

中国电力主题日活动简介

1882年7月26日，中国第一家发电公司——上海电气公司正式投入商业化运营，第一盏电灯在上海亮起。2012年7月26日，在纪念中国有电130周年之际，中电联携手各大电力企业，共同在北京发出倡议，将每年的7月26日确定为中国电力主题日，也是共和国电力人自己的节日，在这一天及前后，集中组织开展主题鲜明的系列活动，构建沟通平台，传播电力价值。

截至2018年，中国电力主题日活动已连续成功举办了7年，在行业内外产生了一定影响。7年活动的主题分别是："新技术、新电力、新生活""善小文化经验交流""中国梦，电力情""新时期电力企业社会责任实践与表达""创新驱动，智慧共享""电力情深，精准扶贫""一带一路，点亮世界"。

中国电力企业"一带一路"建设有关典型案例

国家电网于2017年完成了希腊国家电网公司24%股权投资项目的交割，成为"一带一路"国际合作高峰论坛后首个完成交易的项目，进一步扩大了我国在欧洲能源电力领域的影响，推动优势技术、装备和优质产能走出去。同时，国家电网还完成了对巴西最大配电和新能源企业CPFL公司94.75%股权的收购，在巴西实现了输电、配电、新能源、售电业务领域的全覆盖。

南方电网承建的230千伏老挝北部电网工程，结束了老挝北部电网孤网运行的历史，形成了老挝全国统一的高电压等级骨干电网。

在与周边国家电力互联互通方面，南方电网作为GMS国家电力合作的中方执行单位，大力拓展与周边国家的跨境电力贸易，已通过12回线路与越南、老挝、缅甸电网实现互联互通。截至2017年年底，电力交易累计达517亿千瓦时。

大唐集团为柬埔寨建成了第一个国家输电网架，负责向其首都金边等地供电，为柬埔寨的经济发展做出了卓越贡献。

华电集团建设的俄罗斯捷宁斯卡娅燃机电站（47万千瓦）是中国在俄罗斯建成投产的第一个大型电源项目，为雅罗斯拉夫尔地区的供电、供热带来了较大改善。

中广核集团所属的EDRA公司，已成为东南亚地区最大的独立发电商、马来西亚最大的外国直接投资者和第一大独立发电商、埃及第一大独立发电商、孟加拉国第二大独立发电商、韩国最大的中资企业。

在推动自主知识产权技术落地方面，由国家电网独立投资、建设和运营的我国首个自主海外特高压输电项目——巴西美丽山±800千伏特高压直流输电一期工程，于2017年12月提前2个月建成投运，输送距离2076千米，输送容量400万千瓦，能够满足巴西2200万人的年用电需求。由中国核工业集团所属公司——中国中原对外工程有限公司（以下简称"中原公司"）负责总承包建设的卡拉奇（K2/K3项目），是中国向海外出口的首台和二台自主三代核电技术——华龙一号机组，也是巴基斯坦国内目前最大的核电项目，二级里程碑节点计划完成率达到100%。

在中巴经济走廊，中国电力企业正在掀起一轮又一轮的建设热潮。由华能集团投资建设的巴基斯坦萨希瓦尔2台66万千瓦燃煤项目，被列入中巴经济走廊"优先实施项目"，于2017年提前成为中巴经济走廊最先投产并实现商业运营的大型燃煤电站，只用了22个月零8天就实现运营投产，比原计划提前了200天，创下了国外同类型机组建设工期最短佳绩，创造了"萨希瓦尔速度"。电站的投产，有效缓解了当地电力短缺现状，为后续实施产业链培育与布局打下了坚实基础。

由中国核工业集团出口建设的巴基斯坦恰希玛核电一期工程是中国核电出口的第一站，总装机容量超过130万千瓦，是当时我国最大的高科技成套出口项目，被誉为"南南合作"典范，2018年4台机组已经全部建成，被国际原子能机构列入"全球最佳运行核电站"。2016年11月，巴基斯坦领导人宣布，将城市日均停电时间由6小时压缩至3小时，农村地区由8小时压缩至4小时。巴方媒体报道，这主要得益于中方承建的恰希玛核电站三号机组和多个光伏、风电项目并网发电，巴基斯坦电力供应明显得到改善。

中国能建承建的"巴基斯坦三峡工程"——尼鲁姆·杰鲁姆水电站，是巴基斯坦最大的水电站，设计总装机963MW，是中国企业在海外承建的最大水电项目，也是巴基斯坦历史上合同金额最大的工程项目。

位于西非的"三峡工程"——中国电建承建的几内亚凯乐塔水利枢纽工程，是几内亚最大的水电站，电站大坝全长1150米，最大坝高31米，项目装机容量达240MW。水电站建成后，将改善几内亚电力严重短缺的现状，推动该国经济社会发展。

由中国电建投资建设运营的2台66万千瓦巴基斯坦卡西姆港燃煤应急电站项目，作为中国企业投资的海外最大规模火力发电站和"中巴经济走廊"首个落地大型能源项目，设备国产化率超过99%，高峰期雇佣当地员工达4000多人，于2017年提前67天进入商业运行，不仅每年为巴基斯坦提供约95亿千瓦时的电量，也成为巴基斯坦火力发电人才培训基地。同样由中国电建投资控股的巴基斯坦大沃风电项目，总装机容量49.5MW，作为中巴两国在"一带一路"合作中的首个重大能源项目，在众多中方投资项目中率先完成融资闭合，于2017年4月4日正式进入商业运营，成为中国先进产能"走出去"的优秀样板。

在热度持续提升的东盟地区及欧洲美洲地区，由国家能源集团投资建设的印尼爪哇7号2台105万千瓦燃煤电站EPC项目，均已进入顺利施工；在美国俄勒冈州，协鑫新能源控股有限公司50MW光伏电站一期共计26MW两个子项目ADAMS和ELBE成功并网，将有效改善当地能源消费结构，成为当地节能减排的重要力量之一。

中国电建承建的厄瓜多尔辛克雷水电站总装机150万千瓦，年发电量88亿千瓦时，是厄瓜多尔最重要的基础设施工程，可以满足厄瓜多尔40%的电力需求，并使该国从电力进口国转为电力出口国。

国家能源集团印度尼西亚南苏发电项目，为当地提供了2000多个工作岗位，印尼籍员工占70%，交纳税金超过1亿美元，受到高度赞誉，2017年获评印尼电力行业四项最高奖——"2017年度最佳创新电力企业""五佳电力企业""五佳创新电力企业""五佳100MW级以上电力企业"。

总体来看，在中国改革开放40年来取得了飞跃式发展的中国电力工业，正将清洁煤电技术、水利水电施工、新能源利用、跨区域电力互联等领域中的独特优势和一流水准，注入沿线国家的电力基础设施建设与发展中，让"中国制造"的品牌效应在国际舞台上得到了广泛赞誉。

中电联：我国电力发展面临五大挑战

2018年6月14日，中电联发布《中国电力行业年度发展报告2018》，报告指出，我国经济已由高速发展阶段转入高质量发展阶段。能源电力行业是建设现代化经济体系的重要基础和支撑，肩负推进能源生产和消费革命，构建清洁低碳、安全高效的能源体系的历史重任。但从电力发展改革现状看，还存在很大差距，仍面临着较为严峻的形势和挑战。

电力系统安全稳定运行面临严峻考验

随着我国电力快速发展和持续转型升级，大电网不断延伸、电压等级不断提高、大容量高参数发电机组不断增多，新能源发电大规模集中并网，电力系统形态及运行特性日趋复杂，特别是信息技术等新技术应用带来的非传统隐患增多，对系统的支撑能力、转移能力、调节能力提出了更高要求，给电力系统安全稳定运行带来了严峻考验。此外，各类自然灾害频发，保障电力系统安全的任务更为艰巨，大面

宋明霞、林非，经济网2018年6月15日。

积停电风险始终存在。

清洁能源消纳问题依然突出

2017年,在各方共同努力下,通过综合施策,弃风、弃光率有所下降,云南、四川弃水电量有所减少,辽宁、福建核电限电情况有所缓解,但并没有从体制机制上解决清洁能源消纳问题,清洁能源发展面临的问题依然突出。发展协调性不够、系统灵活性不足导致调峰困难、输电通道建设不匹配导致大范围消纳受限、水电流域统筹规划和管理较为薄弱、新能源自身存在技术约束、需求侧潜力发挥不够、市场机制不完善、政策措施有局限等问题依然没有得到较好的解决,未来核电和大规模新能源发电并网消纳、西南水电开发与送出的压力和挑战会越来越大,难以适应国家"推进能源生产和消费革命,构建清洁低碳、安全高效的能源体系"的总要求。

煤电企业经营困难,保障清洁发展能力较弱

据国家统计局数据,2017年全国规模以上发电企业资产总额为7.6

万亿元，比上年增长4.2%；负债总额为5.1万亿元，比上年增长3.8%；受电煤价格大幅上涨、市场化交易量增价降等因素影响，全国规模以上火电企业仅实现利润207亿元，比上年下降83.3%，直接导致发电企业利润同比下降32.4%。

据中电联调查，截至2017年年底，五大发电集团电力业务收入为9559亿元，比上年增长9.1%；电力业务利润总额为310亿元，比上年下降64.4%，其中火电业务亏损132亿元，继2008年后再次出现火电业务整体亏损的情况。

煤电发电量占全国发电量的65%，长期以来在电力系统中承担着电力安全稳定供应、应急调峰、集中供热等重要的基础性作用。在未来二三十年内，煤电在清洁发展的基础上，仍将发挥基础性和灵活性电源作用，仍是为电力系统提供电力、电量的主体能源形式。煤电长期经营困难甚至亏损，不利于电力安全稳定供应，也极大地削弱了煤电清洁发展的能力，使煤电清洁发展的任务更加艰巨。

核电建设发展停滞，连续两年未核准新项目

核电是可以大规模替代煤炭、为电力系统提供稳定可靠电力的清洁能

源发电类型，是实现国家2020年和2030年非化石能源发展目标，构建清洁低碳、安全高效能源体系的重要手段。但2016年、2017年核电发展停滞，连续两年没有核准新的核电项目（除示范快堆项目外），核电投资规模也连续两年下降，在建规模减少到2017年年底的2289万千瓦，核电发展进度明显慢于《国家电力发展"十三五"规划》，可能会影响国家非化石能源消费比重目标的完成，也与核电产业链宜平稳发展这一产业特殊性（建设周期长、安全要求高、人才培养慢）要求有较大差距。

电力改革与市场化建设进入深水区

到2017年年底，电力改革全面推进、成效显著，接下来的电力改革将逐步进入攻坚克难、啃硬骨头的深水区。综合体现在以下4个方面。

第一，政策多门、各地各异。导致各类试点在具体落实过程中，中央各部门之间、中央与地方之间、政府与市场主体之间、电力企业与社会之间协调难度大，规则不规范，市场准入标准各地各异。

第二，跨省区交易存在壁垒障碍。市场交易体系不健全、品种不完善、信息不对称，制约清洁能源跨区交易与消纳规模，难以体现市场对资源配置的优势。

第三，电价体系有待完善。当前电力上游至电力各产业链乃至用户侧价格仍以计划调控为主导，缺乏合理的市场化疏导机制，导致发电企业尤其是煤电企业的合理利润空间被肆意挤压，输配电成本归集和电价交叉补贴没有科学化的监审标准，电网和社会企业投资增量配电网积极性受挫，行业可持续发展能力减弱。

第四，支撑增量配电业务试点的相关政策规范和发展规划缺乏、相关法规不清晰，配电存量与增量的区域划分与建设发展困难重重，投资效益不确定，安全运营风险加大。

科学的大坝工程是生态综合体

科学的大坝工程本身就是"绿水青山"和"金山银山"兼得的生态综合体,科学的大坝建设不仅不会破坏生态,而且是当前人类社会最重要、最急需的生态文明建设的一部分。

2018年10月15日,中国大坝工程学会第三届水库大坝公众认知论坛在郑州举行。论坛由中国大坝学会公众认知和公共关系工作委员会主任委员、中国三峡集团宣传与品牌部主任杨骏主持。以科学严谨的态度,从多个角度展开探讨,引导公众正确认知水库大坝的作用,30余名来自部委、高校、行业和媒体的代表参加论坛。

生态修复,水库大坝成风景

"水库大坝建设要把生态放在第一位,按照生态水利的思路规划、建设。建设阶段实现开发的同时保护江河生态系统,进行生态化建设、移民和物种保护;运行阶段提升库区周边生态环境的质量和稳定性,构建美好江河生态廊道,促进人与自然和谐相处。"黄河勘测规划设计

宋明霞、林非,经济网2018年10月15日。

研究院有限公司生态院副院长蔡明在论坛上介绍了两个典型案例。

小浪底坝体生态修复工程系列图片吸引眼球——在250平台坝体上种植色叶花灌木，通过不同植物叶、花的色彩差异，组成一幅生动逼真的大坝微缩图。

在155、206、216三个高程平台建设果树种植区，种植苹果、桃和葡萄，春花秋果，景色各异，把生境修复、生态体验、产业发展和观光旅游相结合。

在中部果园入口，将一片简单的绿化种植区设计成小型精品植物游园，充分展示自然生态、生境修复和大坝景观建设的结合。

在不影响坝体安全、保证大坝安全稳固的前提下，坝体道路下挖0.5米用做高树池，种植小乔木和花灌木，形成连续的绿化带。

对翠绿湖实施生态保护措施，凭借自然景观资源优势，融入现代景观元素，建设集休闲、娱乐、度假功能于一体的翠绿湖生态保护区。

小浪底工程因生态修复而成为风景胜地。

"戴村坝被中国大运河申遗考查组称为'中国古代第一坝'，凝聚着古代劳动人民无数的血汗与智慧"，蔡明介绍，"而戴村坝现代水生态改造工程将游览参观、工程文化、技术文化、生态文化展示相结合，让游人在感受自然风光的同时，深刻感受古代文化遗产瑰宝的魅力和现代生态文化的智慧，让古代水生态文明和现代水生态文明在此拥抱。"

拆坝是个伪命题

"拆坝是个伪命题！"中国水力发电工程学会副秘书长张博庭在论坛上发表演讲。他说，一些发达国家的环保组织为了向发展中国家证明水库大坝破坏生态环境，把水库大坝建设说成是欧美发达国家犯的一种错误，到处宣传欧美发达国家现在不仅不再建设水库大坝，反而进入了拆坝时代，希望发展中国家不要再走"建了再拆"的老路。然而真实的情况是，美国拆掉的水坝都是已经丧失功能的小水坝。美国垦务局局长在公开回答有关拆坝的提问时说："美国拆掉的都是废弃、退役的水坝，有用的大坝一座都没拆过，而且也不会拆，即便出了问题，也是修而不是拆。"

张博庭认为，所谓生态文明，就是生态系统的绿色发展，水库大坝的水资源调控功能就是水库大坝的生态文明作用。任何人类文明活动都会对生态系统产生一些影响，水库大坝建设满足了人类文明发展对水资源的最基本需求，很多水库大坝建成后形成了水利风景区，因此水库大坝对生态环境具有好的改善效果，而不是个别人认知的水库大坝对生态环境只有破坏作用。

国际工程建设人文生态

"三峡集团进入巴西市场之前，中国和巴西彼此的认知度都很低。虽然两国的电力行业有交流，但缺乏深入的沟通。"三峡巴西公司总经理李银生在论坛演讲。

三峡巴西公司 2013 年进入巴西市场，经过 5 年的努力，成为巴西市场的引领者之一，这都得益于三峡巴西公司从进入巴西的第一天，就建立了品牌建设和声誉管理模型，开启了人文生态建设之旅。

为此，三峡巴西公司从三方面着力。

第一，构建以"为人类提供清洁能源，与地球和谐共处"为使命、以"成为巴西一流的清洁能源公司"为愿景的企业文化，强调安全、尊重、诚信、快乐、奉献、简单、卓越的价值观。

第二，全面梳理利益相关方，确定沟通战略，与利益相关方建立良好关系，与巴西的政府、非政府组织、行业协会、智库、媒体都建立了长期的战略合作关系。

第三，深入贯彻可持续发展的理念，将其贯穿在整个生产经营活动中，渗透到每一个角落，影响到每一位员工。

李银生认为，三峡巴西公司严格遵守这样的公司定位：首先是一个公司，其次是一个巴西公司，再次是一个三峡集团的公司，最后是一个中国的企业。第一个定位，因为公司是超越国籍、超越行业的；第二个定位，因为企业在巴西注册，要遵守巴西的法律、承担巴西法律框架下的所有责任；第三个定位，因为三峡集团提供了战略指引、行事准则和资源动力；最后的定位最重要，是核心定位，是企业文化的源泉，更是企业的根和魂。

大坝安全是天大的事，世界关注中国怎么做

"如何遏制洪灾这一大自然的野性力量，使我们的生存环境不再脆弱？"

2019年11月11日，2019中国大坝工程学术年会暨第八届碾压混凝土坝国际研讨会在昆明召开，会上国际大坝委员会主席迈克尔·罗杰斯抛出的问题，也是跨越数百年的"世纪之问"。

作为当今世界的筑坝强国，中国无论是大坝数量还是建设高度都居第一。大坝安全是天大的事，论坛以"更好的大坝，更好的世界"为主题，大坝安全依然是重要议题。如何确保大坝安全，世界更加关注中国怎么做。

高位推动，监管监测并举

近几年，国内外陆续发生了多起大坝险情。老挝、缅甸、泰国等

宋明霞，人民周刊网2019年11月22日。

国都有大坝因洪溃坝，我国新疆、内蒙古等地也出现过水库大坝因强降雨溃坝的险情。中国如何卓有成效地开展水电大坝安全监管？

中国政府历来高度重视安全生产。2017年11月，习近平总书记专门就水库大坝安全做出重要批示，强调要坚持安全第一，加强隐患排查治理，确保现有水库安全无恙。各级政府部门和电力企业认真贯彻落实习近平总书记的重要批示精神，全力推动大坝安全工作。

国家能源局总经济师郭智在论坛上的发言，是观察中国大坝安全治理的一个视角。

郭智介绍，切实履行电力安全监管职责，国家能源局开展了以下3项水电站大坝安全监管工作。

大坝安全注册扎实有效。不断规范大坝安全注册管理，优化注册审批流程，提高注册审批质量和效率。截至2019年10月底，在国家能源局注册备案的大坝有596座，总库容达到4647亿方，占全国总库容的51%；装机容量达2.55亿千瓦，占全国水电装机总容量的72%。

大坝安全定检和隐患排查治理形成制度化。深入开展大坝专项安全鉴定、定期检查和日常监督管理，强化大坝隐患排查治理，督促各有关单位全力保障大坝安全。特别是2018年以来，国家能源局组织完成对全国所有在运、在建以发电为主、装机容量在 5 万千瓦及以上大、中型水电站大坝进行安全隐患排查，消灭了病坝、险坝。

大坝安全监管信息化水平不断提升。不断加快大坝安全信息化建设步伐，建立"互联网＋大坝安全监管"新模式，持续推进监管模式智慧化。2018年上线了"水电站大坝运行安全监察平台"，实现在线监督、日常监控、安全状况研判、远程技术支持等各项管控措施，进一步提升了安全监管效能。

我国坝区隐患风险不容小视

新的历史时期，如何准确认识中国大坝面临的形势和存在的风险挑战？

郭智认为，一方面，我国坝区隐患风险主要来自自然灾害或库区周边违规违法行为的威胁。水电站得益于高山峡谷的自然条件，也因此面临极端气候、地质灾害的威胁。尤其我国西南水电基地，是自然灾害的多发区域。部分水电站库区存在的网箱养殖、违规采砂、违规建设等问题，长期困扰水电企业，也多次发生危及大坝安全的事件。

另一方面，我国大坝长期运行安全风险管控难度大，部分企业应急管理基础薄弱。水电工程范围广、构筑物类型多，高坝多、老坝不少，安全监管任务艰巨。部分企业险情应急处置能力不强，应急预案缺乏针对性和可操作性，流域梯级大坝之间联络沟通不充分，应急协调联动机制尚未健全。

走科技创新协同治理道路

站在生态、安全、可持续发展的新起点，如何实现中国大坝长治久安？

"中国大坝工程学会成立40年来，汇聚行业英才，搭建了政府、企业和社会公众之间交流的平台，在大坝科技攻关、运行管理、人才培养等方面发挥了重要作用，为我国水利水电事业的高质量发展做出了巨大贡献。"郭智认为。

郭智进一步介绍，为做好大坝安全监管，国家能源局建议在以下3个方面重点着力。

依靠技术进步提升水电站大坝安全水平。大力开展科技创新，积极研究探索利用新技术、新方法，把遥感测量、无人机巡检、测量机器人、水下潜航器、新型加固材料等应用到大坝安全评估中，更精准、更长期地预测和掌握各类灾害情况。充分利用物联网感知、大数据分析的优势，形成适用于大坝安全管理的"现场检查与远程监控"新模式，缓解水电站现场专业人才不足的困难，提升大坝风险管控、应急管理、诊断分析、决策支持等方面的综合能力。

加强水电枢纽周边环境治理。电力企业要加大巡查力度，及时发现并制止库区周边存在的影响大坝安全的问题；地方政府要加强监督管理，做好工作衔接，及时报告相关信息和问题线索，必要时组织相关部门开展专项治理，彻底清除事故隐患。

加强国际交流合作。利用中国大坝学会这个平台，多开展国际交流，借鉴发达国家先进的管理理念、技术标准、设备工艺。同时，也要建立与"水电大国"相适应的工作机制，大力对外宣传我国建设、管理世界级水电站大坝的能力和水平，在"一带一路"倡议的引领下，进一步推动中国水电"走出去"。

长江大保护：三峡模式初露端倪

长江之于中国有多重要？

长江全长6300多公里，沿线11省区市，生产总值占全国比重45%，人口占比在40%以上。长江的水资源总量约占全国总量的35%，是中国重要的战略淡水资源库。

长江污染有多严重？

国家发改委多次强调，长江经济带水环境存在"4+1"污染源，即城镇生活污水垃圾、化工污染、农业面源污染、船舶污染及尾矿库污染。

数据显示，长江流域接近30%的重要湖库处于富营养化状态，长江生物完整性指数到了最差的无鱼等级，废水、化学需氧量、氨氮排放量分别占全国的43%、37%、43%。

对未来的影响有多大？

如果长江生态颓势再不逆转、长江水质环境持续恶化，那么影响的绝不仅仅是沿岸人民的短期生活，而是中华民族的长远福祉。

宋明霞，人民网2019年12月6日。

一个世界性难题横亘在国人面前,三峡集团迎难而上。

为什么是三峡集团?

三峡集团做水电是龙头,干环保却是新兵。由三峡集团扛鼎,中央怎么定,地方怎么看,三峡怎么干?

2019年6月底开始,记者沿江走访了岳阳、九江、芜湖等市,实地探访长江治污。

高度:长江大保护是高位推动的事业

2016年1月5日,冬寒抱冰,习近平总书记赴重庆调研,强调"要把修复长江生态环境摆在压倒性位置,共抓大保护、不搞大开发"。

2018年4月24日,春江水暖,习近平总书记视察三峡工程,强调"大国重器必须掌握在自己手里"。

2018年4月26日,习近平总书记在武汉召开深入推动长江经济带发展座谈会,指出"三峡集团要发挥好应有作用,积极参与长江经济带生态修复和环境保护建设"。

2018年9月,在国家发改委呈报的三峡集团战略发展新定位报告上，习近平总书记做出重要批示。

长江大保护是中央统筹、部委部署、高位推动的事业。

早在2016年9月至2017年9月，国家发改委就联合相关部委，围绕三峡集团的改革发展展开研究，提出了多份专题报告。

2017年10月，国家发改委领导做出批示："目前在长江沿线，三峡集团是最具经济实力的央企，当前和今后一个时期实施长江经济带战略任务十分艰巨，特别是大保护任务十分繁重，亟须三峡集团发挥骨干、主力作用。"

2018年4月，国家发改委联合国务院国资委印发三峡集团新的战略发展定位文件，明确三峡集团在长江经济带发展中发挥基础保障作用、在共抓长江大保护中发挥骨干主力作用。

2018年5月，推动长江经济带发展领导小组增补三峡集团为成员单位。

2018年7月，推动长江经济带发展领导小组办公室（以下简称"长江办"）印发指导文件，支持三峡集团在共抓长江大保护中发挥骨干主力作用，对三峡集团参与共抓长江大保护工作做出制度性安排，明确近3年的重点工作任务和保障措施。

其间，住房城乡建设部、自然资源部、生态环境部、交通运输部、水利部、农业农村部等部委先后印发文件，对长江大保护尤其是污水治理明确了具体要求和节点目标。

生于长江，长于长江，发展于长江。

20世纪90年代以来，三峡集团肩负"建设三峡、开发长江"的历史使命，成功建设举世瞩目的三峡工程，随后，在金沙江下游滚动开发四座大型梯级水电工程，综合利用开发国内水资源，建成一个又一个国之重器。

2018年12月13日，作为三峡集团开展长江大保护的业务实施主体，长江生态环保集团有限公司在武汉注册成立。

从开发长江到保护长江，又一世纪大工程落在了三峡集团肩上。

难度：五大挑战横亘面前

这是一项既陌生又艰巨的课题，五大挑战横亘在长江生态环保集团面前：

自身能力建设的挑战——项目落地推动能力、内外部资源整合能力、专业能力、创新能力、投资管理能力等方面都有待加强；

现有PPP（政府和社会资本合作）模式推进遇到较大瓶颈——地方政府财政支出能力受限，在中央严控地方债务风险，一般公共预算财政支出不超过当年一般公共预算10%的限制下，长江大保护资金投入和污染防治攻坚任务不相匹配；

水环境治理欠缺科学系统的治水实践，急需探索新的商业模式——沿线城市水环境治理缺乏整体顶层规划、科学的河湖环境承载力评估及环境质量监测和评价机制，"厂网河湖岸"一体化缺乏产业链上下游的有效衔接，流域谋划不够；

生态环保领域和企业"散、小、弱、乱"现象难有改观，亟待加快提升产业集中度——目前，尚未出现涵盖全产业链、聚合度较高的优质企业；

体制机制制约共抓长江大保护形成合力——跨部门、跨区域统筹协调难度极大，影响PPP项目高效落地和流域化综合治理的推进实施。

时间紧、任务重、头绪多，难度前所未有。

在住房城乡建设部、生态环境部的主导下，组建了多个调研组，分赴宜昌、岳阳、长沙、九江、芜湖多地多次开展调研，深入摸排行业现状。

掀起城市的"盖头"来，问题触目惊心：城镇排水管网等基础设施落后、欠账严重；城镇污水收集率很低，污水直排，污水处理厂低效运行；河湖水倒灌、溢流，雨污错接混接，地下水入渗；厂网分离，产业链片段化、碎片化……

以城镇污水治理为切入点，选取宜昌、岳阳、九江、芜湖4个城市推进先行先试，以"流域统筹、区域协调、系统治理、标本兼治"为原则、坚持厂网一体、厂网河湖岸一体的城镇污水处理和水环境综合治理方案，得到国家部委、沿江省市、环保行业的一致认可。

推动长江大保护先行先试项目落地建设，长江生态环保集团已然启程。

速度：试点城市一期项目全部落地

共抓长江大保护已然开局，如何将方案快速落地，将思维导图转化为实施路径？

"一年出模式，两年初见成效，三年明显见成效。"长江生态环保集团自加压力、负重前行，提出阶段性目标。

"九江速度"提振士气。

三峡集团充分依靠地方政府快速审批、快速开工、快速推进，会同联合体单位创造出"九江速度"。作为三峡集团长江大保护先行先试项目，2018年1月起，仅半年多时间，九江一期项目6个子项目已全面开工，质量安全总体可控，获得国家发改委的高度肯定。

一个"共"字是九江速度的秘诀。

长江生态环保集团九江项目公司总经理曹诤介绍，九江一期项目之所以能在短时间内落地，既得益于国家发改委、江西省委省政府、九江市委市政府的高度重视与大力支持，又离不开三峡集团和相关参建单位的全力推进。

在九江被确定为试点城市后，三峡集团快速反应，派遣人员进驻九江，及时与政府对接，召开专题会议，确定合作方向、部署合作事宜、遴选合作项目……5个月内，三峡集团便先后与九江市政府、江西省政府签署了长江大保护相关战略合作协议，项目本底调查也已完成，一批先行先试项目只待招标。

"一般情况下，完成整个PPP流程至少要半年时间。招标通知发出后，三峡集团只用两个月时间就完成了PPP项目的准备工作。这得益于前期工作准备充分，后期政府多部门联动，多个流程同步推进，及时解决项目审批等难题，才能顺利完成投标并成功中标。"最早进入九江项目的工作人员李杨说。

快不是目的，又快又好才是目标。

芳兰区域污水处理综合治理一期工程，是九江一期项目首个开工项目，全面完工后，每天处理污水3万立方米，出水水质可达一级A标准。"2018年8月项目开工后，我们精心组织施工生产，昼夜奋战，克服了准备时间短、场地狭小、干扰因素多等困难，目前工程进度满足计划要求，质量安全可控。"中铁四局现场负责人说。

到2019年9月底，九江、芜湖、岳阳、宜昌4个试点城市一期项目全部落地落实。第二批合作市县尤其是重点城市全面对接，试点城市一期项目共计37个子项，有32个子项已开工建设。

深度：聚焦城市地下排水管网修复治理

黑臭在水里，问题在岸上，关键在管网。

由于历史原因，顺水排放是沿江城市的一贯做法。由于管网基础设施建设的历史遗留问题严重，沿江城市普遍存在雨污合流、污水管和雨水管混搭错接、污水直排入河湖等诸多问题。

管网质量直接影响污水处理厂进水浓度。

"由于长江沿线城市普遍存在地下水位高的特性，又有污水管道、合流管道断裂、渗漏、倒灌等突出问题,导致污水管道内混有大量的地下水、河湖水,进厂化学需氧量(COD)浓度普遍低于100mg/L,导致很多污水处理厂闲置'晒太阳'。"曹铮说。

管网不治理,一切都白搭。

"必须更加聚焦城市地下、聚焦排水管网修复治理工作。管网健康了,河湖才可能健康。"长江环保集团九江项目副总经理、总工程师张俊直击问题要害。

核心在数据。

"过去治污,是一根管网简单搭建下去,不够精准。新的治理模式要向精准化发展,仅靠人工很难实现,必须建立一套包含水质监测、预测预报、智慧调度等在内的智慧系统,通过机器、程序、软件等来实现精准化、智慧化治理。"张俊介绍。

突破靠技术。

在芜湖长江大保护项目管网排查点,技术人员操作机器人进行排水管网检测。当排水管网处于满水状态时,管道CCTV检测机器人无法检测,此时声呐设备就能代替机器人进行排查工作,现场就可以看到软件平台反馈的排水管网检测结果。

"天上下着雨,地下埋设的感应器实时搜集计算雨量,分析管网内会有多少雨水流出，调蓄池该如何调配才能容纳雨水，处理过的雨水该流往何处。"中建二局工程师秦明勇从设备角度阐释。

智慧治污应运而生。

"实现智慧治污，需要智慧设备，也需要'应接尽接'等智慧理念支撑。"曹诤说，"应接尽接，就是在解决管网漏接、混接、错接等问题的前提下，把污水都纳入污水管网，进行雨污分流或者截污，保证城镇污水全收集、收集全处理、处理全达标。"

广度：全生命周期协同治污

治理碎片化、"挑肥拣瘦"是现存治水模式普遍存在的问题。

"碎片化建设一批水环境治理项目，不是三峡集团的初衷。"三峡集团副总经理孙志禹认为，只有通过科学性、系统性的顶层设计，把城镇污水处理和水环境综合治理相结合，才能实现城市水体质量的根本改善。

解决方案清晰明了。

以城镇污染处理为切入点，以摸清本底为基础，以现状问题为导向，以污染物总量控制为依据，以总体规划为龙头，坚持流域统筹、区域协调、系统治理、标本兼治和"一城一策"的原则,突出整体效益和规模化经营。通过厂网河湖岸一体化,建设养护全生命周期开展投资建设和运营,促进城镇污水全收集、收集全处理、处理全达标及综合利用,保证城市水环境质量整体得到根本改善。

五大业务平台作战略支撑。

以长江生态环保集团为核心实施主体;将长江绿色发展投资基金定位为国家级产业投资基金,引入社会资本,保障长江大保护的资金需求;长江生态环境工程研究中心承担生态环境研究、监测工作,并将成果快速转化应用;长江生态环保产业联盟发挥各方优势和长处,促进产业链上下游企业有效融合;长江生态环保专项资金为公益性资金,用于规划研究与编制、试验性项目、示范工程等支出。

五大能力建设作战略保障。

随着岳阳、九江、芜湖、宜昌等一批先行先试项目的落地建设,三峡集团在形成项目管理、资源整合及策划打包等能力的基础上,全力培育新的业务能力,包括城市水环境综合治理规划能力,管网全生命周期、全产业链建设、管理与运行能力,河湖水环境承载力或容量评估及考核评估能力,创新智慧水务平台建设能力,污泥能源化、资源化集中处理处置能力。

把自身发展放在协同发展的大局中。

"立足项目共建、利益共享、责任共担，与长江大保护具有协同效应的企业广泛合作，充分发挥各自优势，以资本合作为纽带，以项目合作为重点，以理顺污水处理价格机制为突破，以缓解地方政府财政压力为导向，开展'资本+'合作，推动重大项目快速落地。"三峡集团董事长雷鸣山反复强调协同发展。

协同效应逐步凸显。

"以前与社会资本合作，社会资本看中的是具有回报机制的污水处理厂，把管网市政基础设施建设甩给了地方政府，导致厂网分离。现在厂网一体化，赚钱不赚钱的三峡都干。"岳阳市住房和城乡建设局副局长程文艺认为，三峡集团正在积极探索全生命周期治污管理新路子。

"三峡集团改变了过去头疼医头、脚疼医脚，重末端处理、轻系统治理的做法，系统治水理念有助于从根本上解决问题。"九江市人民政府副市长、党组成员孙金淼认为。

政企互信逐步加强。

"两年来，地方政府对三峡集团的资金、技术、管理有了深刻认知。若论承担主体责任、展开强强联手，作为合作者非三峡集团莫属。"芜湖"十里江湾"项目是三峡集团建设的滨江岸线综合整治工程。站在水清岸绿的生态景观带，时任芜湖市发展和改革委员会副主任陈立新有感而发。

各方更加聚焦体制机制创新。

"当前污水处理费只能勉强覆盖污水处理厂的运营成本，污水管网的运行还需财政支付"，在长江生态环保集团党委副书记、总经理王世平看来，"以理顺污水处理价格机制为突破，探索未来管网运维的收费机制，推动地方水务平台市场化改革，是城镇污水处理提质增效的关键。"

"共抓长江大保护，体制机制创新是根本，是关键。没有体制机制创新，治污难以为继。"长江环保集团党委书记、董事长赵峰强调。

"长江大保护是荆棘密布、极具挑战的事业，是只许成功、不许失败的事业，是实现集团战略拓展的事业。"2019年7月，三峡集团董事长雷鸣山把集团战略定位明确表述为实现清洁能源与生态环保"两翼齐飞"。

承载压力，直面矛盾，砥砺前行，三峡集团集聚新势能。

从建设水电枢纽到治理水体污染，从大江大河到"毛细血管"，从重点突破到整体推进，从自身发展到协同发展，三峡集团的治污工作逐步呈现出一个闭环体系。

三峡模式初露端倪。

六大全球性、系统性变化攸关中国未来

选择可持续发展就是选择未来。

2019年4月26日,在第二届"一带一路"国际合作高峰论坛上,由中国倡导、世界各方共建的"一带一路"可持续城市联盟、"一带一路"绿色发展国际联盟成立。

如何看待世界可持续发展趋势?未来10~15年将发生怎样的变化?这些变化将带来哪些商机?需要直面哪些挑战?需要防范哪些风险?峰会结束后,记者专访了"一带一路"绿色发展国际联盟主要召集人之一、世界可持续发展工商理事会会长兼首席执行官贝德凯。

宋明霞,《人民周刊》、人民网2019年6月11日。

未来10~15年的大变局与大突破

"就全球可持续发展而言,过往所做的是有限的几个议题,现在看来不够充分、不够深入",贝德凯长期研究可持续发展,支持中国政府开展绿色"一带一路"工作,他希望中国社会更加关注未来10~15年的六大全球性、系统性变化。

第一个是能源系统。能源生产和利用要从以化石能源为主的高碳排放向低排放、零排放转变。这意味着3个方面的改变,一是大力推广节能改造,二是尽可能使用电力驱动,三是电力尽可能来自可再生能源。

第二个是资源利用领域。现在的资源利用方法是线性的,即制造、使用、丢弃。地球资源是有限的,要转向循环利用,真正促成没有废弃物世界的诞生。当前最关注的是塑料及终端塑料废弃物。为此,由世界可持续发展工商理事会发起,32家全球大企业成立了"终止塑料废弃物联盟",32家企业主动筹集了15亿美元,用于塑料废弃物收集、循环利用、寻找其他材料的替代方法。贝德凯希望能够真正做出成果。

第三个有关食物及土地利用。也就是怎样为全球70多亿人生产足够的食物,同时又不突破地球的常在条件。贝德凯认为,现有食物生产和利用体系存在很多问题,一方面每天有近8亿人饿肚子,另外又有 10 亿人营养过剩，或者因为营养不当而超重。所生产的食物有 34%因各种原因要么烂在地里，要么在流通环节被消耗掉，他希望找到好的解决方案，可持续地生产食物，尽量减少浪费，包括少用化肥、杀虫剂，生产更多健康的食物。

第四个是城市与交通出行系统。贝德凯认为乘用车将向两大趋势转变：一是电动汽车普及，接下来一定要放弃使用汽油内燃机驱动的汽车，百分百使用电动汽车，如果使用可再生能源驱动的电动车，意味着实现零排放的交通出行；二是自动驾驶，目前的做法是"专车专用"，如果实现自动驾驶，就没必要专设停车场，只要把人送达目的地就可以去干别的，等其下班再来接，那么越来越多的人就会考虑是否有必要买车，与其买车不如买服务。这意味着城市与车相关的基础设施需要重新设计、重新建设，意味着城市需要重新设计、重新建设。

第五个是人在经济系统中的作用。首先要继续关注人类在供应链环节的人权状况，也就是工人被企业雇佣、农民生产的农产品被企业采购，是不是可以保证用工条件，包括没有奴工、童工，同工同酬，公平地给所有劳动参与者以报酬。二是随着人工智能、机器人等高新技术的发展，原有的工作被代替，如何帮助人们适应变化，找到新工作来养家。

第六个是经济系统的重建，也就是激励机制的可持续。这就意味着现代衡量经济效益的指标，包括衡量国家效益的GDP指标和衡量企业经济效益的利润指标不再足够适用，要考虑生态文明的因素，涉及经济怎样更好地为人类服务，涉及对环境和社会的影响。

可持续发展是企业防范经营风险的必然选择

企业是赢利机构，如何让企业认识到可持续发展不是"尽义务"，而是规避经营风险的必然选择？

贝德凯将这个问题的答案归纳为软理由、硬理由和商机。

"我最担忧的是，整个社会总是把人的因素忽略掉。你看公司越办越大，办公楼越建越高，供应链越来越长，然而员工却不被重视。"贝德凯以茶为例，"大家只知道享受饮茶的乐趣，却不知道茶农种茶、制茶的辛苦，供需之间很远，有隔膜。如果企业只把人当数字看，仅关注硬的东西，比如只关注办公室多漂亮，这肯定不行。真正的可持续发展是让人与人之间更和谐，人与自然更和谐，要赋予人以价值，让人自然而然地产生自豪感，那社会就走向了良性发展。"

更加关注人是可持续发展的软理由。如果看企业经营面临的风险，包括企业经营对环境的依赖、对环境造成的损害，以及社会接受程度，考虑不考虑可持续发展对防范经营风险直接相关。

贝德凯举了两个例子。

2018年10月,德国一家全球最大的化工厂停业10天,原因是西北欧长期干旱,导致莱茵河水位大幅度下降,运输原材料的船根本无法通行,企业被迫停产并发布盈利预警,股价大幅下滑。查看这家公司内部风险管理分析报告,发现他们从未想过莱茵河水位低会对企业经营产生影响,也从未有过这类风险考虑。所以,企业必须把环境风险和社会风险完整纳入风险分析体系中。

2018年11月,美国加州发生冲天森林大火,著名的天堂镇整体被烧毁,导致重大生命和财产损失。由于被质疑是其设备故障结合气候反常原因造成火灾,负责公用事业及电力的太平洋燃气及电力公司(PG&E)直接宣布破产。

结论很简单。如果不把可持续发展纳入企业战略,长此以往,这样的企业不会成功。

这是可持续发展的硬理由。

"六大系统性的变化都需要采纳大量新技术、新解决方案和新商业模式。当前企业谁先理解了这轮变化,谁先理解到系统性变化对企业的影响,谁先变革,谁就能把握领先的机会,谁就更有可能在新一轮竞争中成为领先者。"贝德凯认为可持续发展蕴含着重大商机。

中国需要以更好的方式与世界沟通

"尽管中国企业在技术和创新性解决方案上有独到的做法，可以帮助其他国家和中国实现可持续发展，可是世界对此缺乏了解。中国需要以更好的方式与世界沟通，中国的技术解决方案也需要与世界沟通。"贝德凯建议中国政府和企业要很好地把中国故事、最佳实践和技术方案讲出来，与世界各国政府和企业充分交流互动。

世界可持续发展工商理事会是中国企业与世界沟通的平台。贝德凯表示，接下来将创造机会，加强中国与世界的融通。

贝德凯透露，他履职中国环境与发展国际合作委员会（以下简称"国合会"）的国际咨询委员7年来，主要通过国合会、国资委与中国政府、中国央企会员保持互动。理事会目前的会员主要是大型央企，包括中国石化、国家电网、中国石油、国家电投（国家电力投资集团有限公司）和中粮（中粮集团有限公司）5家，希望影响更多央企会员。

2019年4月25日，世界可持续发展工商理事会与中华全国工商业联合会签订战略合作谅解备忘录，希望以此影响民营企业。贝德凯认为，民营企业在中国占据越来越重要的地位，在可持续发展中希望听到更多民营企业的声音。

第二届"一带一路"国际合作峰会期间，"一带一路"绿色发展国际联盟成立，支持中国政府开展绿色"一带一路"相关活动。作为主要召集人之一，贝德凯表示，接下来一年希望一对一跟中国会员企业互动，系统性地思考可持续发展在企业中的战略地位，把可持续发展战略变成战略性可持续发展。

大山大水　大江大河

有缘总会相见，不论早晚。

萌生拜访黄毅诚部长的念头在 2019 年冬，偶然从友人处看到其专著《我的故事》，随手一翻就想读下去。双休日借来，一气读完，抬笔在扉页上写下"大山大水、大江大河"，全然忘了这是借来的书。

黄部长是新中国能源建设的亲历者、奋斗者，也是见证者，历经岁月，其能源思想的前瞻性、系统性、深刻性愈发凸显，其中很重要的是关于电力的属性。他坚持认为："电的第一属性是公用，是服务，不是经济学领域中所谓的商品。因此，我们在看待它时要客观，要结合我国的实际情况。同样，建设我国的电力事业，也要注重实事求是，注重理论与实践的结合。"

黄部长认为，电力有它的特点，发电、输电、用电是同时进行、同时完成的。因此，发电、输电、用电采取统一管理模式会比分开管理模式更安全，更能发挥资源优化配置。

宋明霞，《中国改革报》2021 年 5 月 18 日。

2021年2月18日，伴随着大寒潮，美国得州大停电震惊世界，其独立于全美的电网及电力的商业化运作，再一次让美国付出了高昂的代价，也再一次佐证了黄部长的卓见。

把碳达峰、碳中和纳入生态文明建设整体布局，一场广泛而深刻的经济社会系统性变革拉开帷幕，能源结构调整是关键，黄毅诚的能源思想有待进一步开掘。

已是翠芽相争、花开烂漫的春天，回想冬日与黄部长的相见，除了领略其思想的光华，一些细节历历在目：95岁高龄居然不带花镜审读我的拙作《大国电力》书稿；一边翻阅其专著《我的故事》，一边动情回忆母亲——一个旧时代妇女的苦难人生；抚摸着他们夫妻俩年轻时的照片，回顾甘苦与共的72年……

郭晶阿姨静静地坐在黄部长身后的藤椅上，不时过来给我们的茶杯添水。眼前这两只茶杯，一只墨竹图，一只荷花图，墨竹清雅，荷花清逸，恰似他们夫妻俩，72年相伴相随，72年植根能源，一起走过大山大水、大江大河，他们拥有长情大爱。

跨越半个世纪的能源战略探寻
——记首任能源部部长黄毅诚的能源观

他是新中国首任能源部部长，早在30多年前就组织编制了我国2000年及2020年的能源发展规划，至今仍有很强的指导性；他是我国能源和机械制造领域享有很高威望的专家，其能源思想集战略、技术和管理为一体，对行业产生了塑造性影响；他推动了中国能源变革，见证了中国能源的成长；他不满13岁即参加新四军，历经抗日战争、解放战争直到新中国成立，先后担任企业总工程师、厂长30多年，在国家计委、能源部和全国人大工作20多年，95岁高龄仍不懈怠。

2020年年底，一个阳光明媚的上午，我如约走进黄毅诚部长家，端起部长夫人郭晶沏好的红茶，话匣子打开了。

能源规划要看得远一些，至少20年

"干了一辈子能源，虽然离休多年，但脑子总闲不下来，想得最多的还是能源战略"，95岁的黄毅诚部长身板硬朗、思维敏捷，三句话

宋明霞，《中国改革报》2021年5月18日。

不离本行。

黄毅诚常讲，规划工作要看得远一点，最好50年，至少也要20年。在能源部期间，他组织制定了能源发展规划，系统地提出中国能源的战略安排，涉及煤炭、电力、石油、核电、新能源等方面，推动能源结构多元化、清洁化发展。

"没有电，什么也办不成！"高度重视电力在国民经济中的支撑作用，黄毅诚对电力发展的意见是一贯的：

电是清洁、高效、使用方便的能源；

从世界多数国家的经济发展规律看，要达到小康社会，我国人均1千瓦的发电装机是必不可少的；

为满足各方面对电的需求，电力应有充足的备用；

电力建设应全国一盘棋，这样才能整体优化资源配置；

我国国土辽阔，资源分布不均，应通过特高压输电，提高国家电力配置效率；

不论是小水电、风电，还是小热电等，都准许并网运行，接受全部电量，不能调峰的电价应低于能调峰的电价。

……

黄毅诚对我国能源资源禀赋与发展看得很远很准，对能源环境协调发展认识得很早很深。20年前的建议和判断，后来都被实践证明是正确的。

"煤电可以清洁低碳发展。"针对煤炭依然是我国能源的主力，国家在相当长时间内还离不开煤炭的现实，黄毅诚在2001年提出通过加装高效除尘设备、高效脱硫设备和高效脱硝设备，除去燃煤发电过程中产生的烟尘、二氧化硫和氮氧化物，燃煤电厂就可以做到清洁燃烧；通过发展超超临界发电机组，提高火电机组效率，相应减少二氧化碳排放。

"中国不发展核电没有出路，不发展核电就不能从根本上解决碳排放的问题。"黄毅诚一贯支持核电，向中央提出的建议中发展核电的次数最多，特别是2011年日本3.11大地震引发日本福岛第一核电站事故后，全国核电建设暂停，大家谈核色变，他却大声呼吁核电是安全的，认为事故反向证明第三代核电是安全的，要坚定信心发展核电。

认识有个过程，2019年国家开始重启核电。

黄毅诚对新能源的发展情有独钟。以风电为例，早在1990年他就主导召开全国第一次风电工作会议，提出风电要成为电力的一个方面军。随着风电技术的发展，他多次向中央建议加速发展风电。

"别人怕刮风，他是风越大越高兴，只要听说风大的地方就要去看看。"交谈中，黄毅诚当年的秘书，现任国家能源集团神皖能源有限责任公司总经理赵世斌说，2003年春黄部长顶着大风在黄骅港调研，回京立刻建议神华集团在黄骅港的滩涂上开发风电，促成了国华能源投资有限公司将风电作为主业的转型。

"风电的发展方向不是上山，而是下海"，2002年11月，黄毅诚到浙江台州一个陆上风电场考察，站在山顶眺望着远处的大海，意味深长地说。这些年海上风电及新能源的蓬勃发展印证了他的战略判断。

节约下来的能源最绿色

中国承诺在2030年实现碳达峰、2060年实现碳中和目标，对能源行业提出了新的、更高的要求。

"能效问题直接关乎双碳目标能否顺利实现"，黄毅诚认为，建设一个长远而符合实际、可操作性强的能源战略规划，提高整个国家的能源利用效率，节能工作仍要放在重要位置。

黄毅诚一贯主张节能优先，认为节约下来的能源是最绿色的能源。其能源思想重在一个"实"字，突出体现在国家计委工作期间抓节能上。

问题抓得实。针对全国一方面严重缺电缺煤，同时能源利用中又普遍存在巨大浪费的问题，1979年，初到国家计委工作的黄毅诚主动请缨抓节能。

典型抓得实。组织实地调研，从东北十几个市归来，国家计委很快编写出《节约能源30例》，每一例都是企业实际做法，包括浪费环节在哪里，如何进行技术改造和技术创新，产生哪些节能效果，环环紧扣，示范作用很强。

之后不断深化，提出节能58条，与国家经贸委联合对城市和工矿企业提出具体要求，我国节能工作从此有了切实抓手。

目标放得远。以能源利用效率为重要指标，黄毅诚提出了"集中供热，热电联供"的工作思路，把分散供热的小锅炉集中起来，用大型锅炉代替供热，实行集中供热、热电联产。

为此，他在媒体上撰文，通过算总账得出每年可节约两亿吨标煤。呼吁组织全国力量摸清全国工业锅炉情况，实施热电结合的改造方案；建议所有新建煤电厂要积极考虑供应周边地区用热，用热电厂来取代工业锅炉供热，利用政策充分把我国的供热资源利用起来。

突破有目共睹。1988年1月，黄部长即将离开国家计委到新成立的能源部工作前，在辽宁丹东召开了"中小型集中供热、热电联产现场会"，丹东答卷成绩优秀——节约了几万吨标煤，压缩了5万吨燃油，拔掉了80多个烟囱，全市供暖和环境问题大大改善。

丹东会议是对9年集中供热、热电联产的一次全面总结，也是再动员再推广。

体系化持续推进。能源建设和节能技术改造面对着一个共同困难，就是资金严重不足。突破瓶颈，设立节能资金，从第六个五年计划开始，已有上百个城市利用节能资金建设热电联产项目，直接推动了"节约与开发并重"方针的贯彻和落实。

作为我国节能工作最早的推动者，节能减排、存量优化、综合利用已成为黄毅诚能源思想的重要组成部分，对我国能源可持续发展影响深远。

重要的是厘清关键问题

早在20年前，黄毅诚在《单缸十万千瓦汽轮机的故事》一文就谈到二氧化碳排放的严峻性："作为燃煤大国，我国最应该采取有力措施来提高煤炭利用效率，减少煤炭总用量，这不仅是个重大的经济问题，同时也是一个重大的政治问题——燃煤产生的二氧化碳是大气变暖的罪魁祸首。"

实现碳达峰、碳中和，煤电是个绕不开的话题。黄毅诚开门见山，直陈观点："鉴于目前我国煤电占比仍在50%，要减少煤的用量，就应该千方百计地提高燃煤电厂效率，而煤炭作为能源利用时，只有在大型电厂中使用才可能最有效地提高利用效率，才可能做到清洁燃烧。"

50年前，我国敢于依靠自己的力量，独立研究、设计、制造重大发电设备，回顾总结可以得到很多启示，特别是在不屈不挠的创新精神上。今天，中国煤电要有毅力实现全产业链创新突破，要有信心在绿色低碳发展上引领世界。

黄毅诚希望向社会传递他对核电的看法："我国需要大量建设核电，规模至少要占到总用电量的10%以上。我国实现绿色低碳发展，需要把运行安全可靠、经济效益良好的核电提到重要位置。"

实现碳中和，发展可再生能源"功夫在诗外"。黄毅诚认为，"加快可再生能源发展，解决我国能源的基本需求，关键是全产业链的高质量协同。"

实现碳中和，需要纵深推进再电气化。1980年以后，黄毅诚在几次会议上提出，要逐步推广电炊。他认为，人类利用燃料做饭的发展历史是先利用柴草，后来利用煤炭，再后来利用气体，现代逐渐改为用电，既安全又方便，今天深入推进再电气化依然是低碳生活的优选方案。

"气候变化是人类共同面对的问题,共产党领导下的中国有责任在应对气候变化中为人类做出贡献,有能力践行碳达峰、碳中和目标。"黄部长语气温和而坚定。

后记

　　慷慨悲歌忆昨年，酸甜苦辣亦安然，西风猎猎电力帜，寒阳昭昭霸王剑。五千年流黄河水，九万载蠹蒙阴山，谁知默默工程里，衣是青青血是丹。

爱在天边
——永远的"9511工程"

"9511工程"永远铭刻在我心里。

因为这个工程,到1995年11月,华北电网基本扭转了缺电局面。为了这个工程,我的父亲——原崇礼县电力局局长宋启斌献出了宝贵的生命。

那是1995年9月23日,秋分,周六。

大雨下了一夜,早晨雨停后,崇礼县水晶屯10千伏输变电工程验收工作如期进行。山坡极陡,父亲带队在验收完第一基铁塔下山的路上摔倒,从40多米高的山崖滚落到山谷,掉进了水流冰冷湍急的清水河。

当天下午1点40分,父亲永远离开了我们,年仅56岁。

父亲,您经历了怎样的恐惧?遭受了多大的痛苦?为什么以这样惨烈的方式离开?走了30多年山路,怎么会失脚?为什么您离开时妻儿都没在身边?哪怕给几天时间,让家人守在病床前?

失去父亲最初的几个月，巨大的痛苦折磨着我，每当夜晚来临，便来了一丝希望，不必有明天，轰然地震埋葬我吧，让我赶紧去寻找父亲、陪伴父亲。可是清晨又来了，天又亮了，我睁开眼，绝望地问自己，为什么还活着？

24年来，我不愿意承认失去父亲，更不愿意让人知道失去父亲，苟且把伤痛尘封在心底，不敢揭，不愿想。

我知道，《大国电力》必须还要写点什么，从某种程度上或许有从哪里来到哪里去的意味。那就揭开伤疤，勇敢地面对吧。可是3个月过去了，居然没有写出一整段文字，我对自己彻底失望了。

2019年9月23日，父亲离开整整24年。

一整天，待在家中，在父亲遗像前敬茶、敬香，静静地守护着、陪伴着父亲。一缕轻烟升起，穿越昨日今昔，父亲又回到了我身边。

1962年深秋，崇礼县笼罩在朦胧的月色中。

掌灯时分，父亲来了，从天津师范学院毕业而来，从崇礼县城跋涉一整天而来。崇礼县迎来了第一批大学生，大山深处的石窑子公社迎来了第一位大学生。

农村生活充满了乐趣。

听母亲讲，父亲刚来到农村时分不清莜麦和韭菜，是典型的"臭老九"，其他公社干部下乡骑马，父亲觉得骑驴容易，没想到犟驴难驭，惹出一堆笑话。

从城里人到老乡们的理发员、油漆工，从肩不能挑背不能扛的洋学生到风雨不惧的农村干部，从白面书生到乡亲们的老宋哥，21年泥里土里，"山药、莜面和大皮袄"早已融进了父亲的生命深处。

1984年，崇礼县遭遇罕见洪灾，刚刚搬到县城的我家遭到重创，母亲省吃俭用攒下的一缸白面被洪水齐缸底掏空，全家剩下的唯一财产是被污泥浸泡的几床被子。

"人在就行"，父亲从抗洪抢险现场回家只看了一眼，就匆忙离去。

"该死的！我怎么到老宋哥家门口丢人来了？"1984年腊月，家门口来了个乞丐，一看见父亲掉头就跑。"大黄片，你往哪儿跑？"父亲一把拽住他拉进屋，这是石窑子的乡亲，父亲当年下乡常跟他睡在一盘炕上。

"每天进嘴四两土，前晌不够后晌补。"这是崇礼当地人编的口头语。山沟里真穷，老百姓真苦。

1985年，父亲谢绝了上级委任县委常委、组织部部长的安排，主动请求从县劳动人事局局长调任电力局局长。

在一个连县城都没有路灯，大多数乡村生活在煤油灯下的山区县，掀起了一股强劲的办电风。

崇礼县三道大沟，五千道小沟，勾勾叉叉布满了金矿铁矿。父亲一上任就提出"要想富，电引路"，到处讲"没电穷沟沟，有电金沟沟"。就是带着这个信念，父亲不怕磨破嘴、跑断腿，四处"化缘"寻求支持。

为了早验收、早通电，用最快的速度让百姓用上电、让工矿企业用上电，父亲的办公室就在施工现场，累了就在山上席地而坐，饿了就和大家一起吃咸菜啃馒头。十年寒来暑往，父亲硬是拼尽了最后一点心力。当"9511工程"接近尾声，当村村通、户户通即将变成现实，他却远行，化入青山再也无法唤回……

"父亲，您在哪里？您在哪里呀？"

24年来，我一直在呼唤，一直在追问。

父亲已然远行，带着对电力事业的深深眷恋。

父亲已然远行，需要女儿仰视才能看见。

父亲已然远行，满怀风雨，满肩云霞！

"宋启斌是崇礼县第一批大学生，也是最后一个走的。他没有走，他把事业和生命全都留给了这片土地。他用全部生命去实现'9511'工程，他是崇礼人民的功臣！"

翻开早已泛黄的《中国电力报》《华北电力报》《中国青年报》《河北日报》《张家口日报》《张家口供电报》，重读时任张家口市委书记冯文海、崇礼县委书记李小英等各界人士的讲话，重读张德武、张美华等记者的报道，重读作家张振江、薛志亮创作的《崇岭上空的星》，重读诗人桑园创作的诗集《塔颂》，内心无比感慨。

慷慨悲歌忆昨年，酸甜苦辣亦安然，西风猎猎电力帜，寒阳昭昭霸王剑。五千年流黄河水，九万载矗蒙阴山，谁知默默工程里，衣是青青血是丹。

谨以此书致敬父亲，致敬中国电力事业伟大的建设者！

2019 年 10 月 25 日于北京

感恩每一朵花

2018年夏，人民日报社新媒体大厦。

咖啡香飘来，不用说，"老妖"到了。

"刚出锅，还热乎着呢"，"老妖"一手端着咖啡，一手拎着《一只四处游荡的妖——崔晓林新闻作品精选》，一脸兴奋地走过来。

"你的作品那么多，也可以结集出版啊。"

这些年鼓励我出书的人不少，谁知几天后，"老妖"那灵光的头脑居然把书名想出来了——《你是照亮世界的那束光》，我那颗懒惰的心顿时被激活了。

按照内容梳理，我把全书分为五大板块：能源之光、产业之光、思想之光、文化之光、爱之光。

中国电力出版社编辑王晓蕾得知我在准备书稿，顶着酷暑和主任梁瑶来到人民日报社，提出不少建议，特别希望我把电力版块拿出来单独出版。

"那样是不是太单薄了？"我对单独出版电力内容不自信。

饶有兴趣地干了一段时间。有天早晨醒来，突然想起一句话："新闻的力量在于更远的前方。"我自问：这本书像只箩筐，装的内容五花八门，究竟着力点在哪里？前方在哪里？

一时还真想不明白。

随着时间的推移，我又把自己"打回原形"。其实，我心中有个根深蒂固的观念，出书是一件庄重、庄严、神圣的事，我那些"千字文"根本不值得一提。

2019年，又一个夏日，"昔归"老茶喝得正酣。

"电力变革史就在你笔下，不仅能成书，还可以拍视频"，不知道什么时候话题转移到了我，同事李伟说话简单直接。

"与中国电力同行！"瞬间，这个题目从我心中蹦了出来。

新闻的力量在于更远的前方。

思想的力量在于更远的前方。

我俯首寻觅。

2019年10月上旬，草稿完成。我先试着发给几位朋友，没想到他们比我还认真。

《人民日报》原经济社会部主任皮树义从海南打来电话，就书稿结构、一些重要问题的提法，包括文章语病等五方面给出详细建议。多年来，我常向皮主任请教，很多文章得益于他的悉心指点。作为一位新闻教育家，皮主任为人处事的高洁风范令我景仰，也深刻地影响着我的职业道路。

"重新解读20年来的中国电力史，这个角度有史料价值。"《人民日报》（海外版）旅游部主任、我的老领导田晓明看后打来电话。

"《大国电力》于你是家国情，是女儿对殉职英雄父亲的致敬，是深耕20多年记者对了不起的行业的致敬，情真意切，电力十足。文字何尝不是发电厂、蓄电站、变压器……小处书写大国电力，是你文字的光热。"《人民日报》知名记者、我的好友温素威发来微信。

"从电力看中国，这本书不能仅限于'行业列传'，更应该挖掘未来性。"中央电视台资深编导、我的好友苏斌建议。

"很受教育和启发，这是您对父亲的缅怀和献礼，也是对中国电力发展的思考和启迪。标记黄色处，请参考。"中国电力建设集团总工程师周建平发来反馈意见。我一查，黄色标记居然有28处，包括纠正已发表文章的专业问题。看着看着，我落下了眼泪。

周建平总工是书稿最早的阅读者,也是为全书专业方向把关的专家。他发来审读报告,还附了一段话:"黄老欣然为《大国电力》作序,想必是受到书中文字的深深触动,其序言饱含中国电力人的深厚情感。黄老对《大国电力》给予极高评价,认为这是中国电力工业波澜壮阔、创造发展的真实写照。黄老是我最敬重的老领导、能源领域知名专家,其能源思想深深影响了我们这一辈人。耄耋之年,老当益壮,未忘国忧,向黄老致敬!"

"你记录的是一个媒体人眼中的电力变革史",国家能源集团副总经理王树民阅读书稿后发来微信,希望以更开阔的视野看中国电力,凸显中国电力自强不息、有追求、负责任的精神气质。

"有必要做提要,把三大版块的核心内容提炼出来,这样观点更加鲜明。"中电联行业发展与环境资源部副处长刘亮发来反馈意见。

"用内容致敬行业,坚信内容是最好的表达。"远在加拿大的原国华电力公司工会副主席张旭日言辞恳切。

"因为我是华北电管局出来的,所以先看了后记中的'9511工程',忍不住流下了眼泪,向以您父亲为代表的老一代电力人致以崇高的、深深的敬意!"2020年年初,时任国华电力公司党建部主任陈宏发来微信。

"作为这段历史的小小参与者,沧电的渤海潮涌,台电的南海波澜,宁电的东海壮阔,还有那遥远的'9511工程',无不敲打着我日渐沉睡的心灵,勾起了似曾遥远却又仿佛在昨日的回忆!"国家能源集团福建能源公司党建部主任杨兵舫发来微信。

"研究要有更大的进取心、更多的人文价值引领",就《大国电力》出版机构的选择和封面设计,人民日报数字传播有限公司董事长徐涛、副总经理柳晓森和柴哲彬多次提出宝贵意见,也得到了陈斌惠、徐阳、陈自森等同事的帮助。

2019年11月11日,昆明金源燕莎酒店。

中国大坝工程学术年会当晚,主办方送走国外元首,返回酒店已是夜间10点,为了讨论我的书稿,一帮好友又在酒店茶聚。

"生态文明的基础,是能源的生态化和清洁化。没有发电端的绿水青山,就没有用电端的风和日丽。"三峡集团副总经济师杨骏畅谈"电的那一端"。

"远观都江古堰,近看胡佛水电。今建三峡大坝,明成世界典范。"三峡集团科技创新部主任李文伟忆起12年前与美国人交流时充满自信的话。

"英雄的热电厂没有走远，它以更现代化的技术和管理方式再生，仍然可以很好地体现一个城市电厂的和谐实践。"国华热电厂老员工李毅军纠正了文中的表述错误，提供了最新动态。

2020年1月13日，我们开启了印尼调研之旅，历经疫情洗礼，2020年10月25日，我们以国家能源集团国华电力公司为研究对象，发布了"首个'一带一路'高质量发展案例报告"，随之《以共生价值植根印尼——国家能源集团国华电力"一带一路"实践观察》一文刊发。

国家能源集团神皖能源公司董事长赵世斌（原国华电力公司党委副书记）对本书相关内容仔细把关，从对历史事件的客观评述到纠正工程细节，从电厂方位到专业用语，彩笔标注的字里行间在无声表达：用智慧和汗水浇灌出来的每个工程，都是电力人心中永久的记忆。

赵世斌董事长曾任原国家能源部黄毅诚部长秘书，跟随黄部长多年。因其帮助，拜见了95岁的黄部长，既了却了我心中的夙愿，也为《大国电力》溯源。

学生时代就常听说黄部长，他是父亲敬仰的大专家。2019年，父亲因公殉职24年，12月24日晚，无意中翻开父亲当年的工作笔记，一眼就看到记录黄部长会议讲话的隽秀小字，此后连续拜读《我的故事》《能源思考》，深感黄部长之博大深邃如"大山大水、大江大河"。2020年12月11日上午，我来到黄部长家，一个小时的交流，95岁的老人念念不忘的还是能源，这份长情大爱令人动容。当我手捧父亲照片和黄部长夫妇合影时，我知道我圆了一个梦，解开了一个心结。多年来，我一直仰视这一代电力人，希望走进他们的精神世界，希望离他们近些、近些、再近些。

时间已是2021年春天，结束一天的工作回到家，朋友从昆明寄来的花果茶刚送达。

当晚，沏上一杯。橘黄色的灯光下，白色的茉莉、红色的玫瑰、绿色的蒲公英缓缓舒展，慢慢靠近。细细品来，沁人心脾，温暖幸福。

感恩每一朵花！

感恩每一次相遇！

2021年4月5日于北京